本书为国家自然科学基金项目"农业气象指数保险供需边
支持政策研究"（编号：71903121）、国家自然科学基金面上项
化产权VS整片化土地利用：评承包地确权颁证对农户农地利用集化
投资与流转的影响"（编号：71773050）成果。

气象指数保险可行性与政策目标选择研究

刘亚洲◎著

Study on Feasibility of
Weather Index Insurance and
Policy Target Selection

经济管理出版社
ECONOMY & MANAGEMENT PUBLISHING HOUSE

图书在版编目（CIP）数据

气象指数保险可行性与政策目标选择研究 / 刘亚洲著 . —北京：经济管理出版社，2020.2

ISBN 978-7-5096-7067-5

Ⅰ.①气… Ⅱ.①刘… Ⅲ.①农业保险—气象服务—研究—中国 Ⅳ.①F842.66

②P49

中国版本图书馆 CIP 数据核字（2020）第 064016 号

组稿编辑：张广花
责任编辑：张 艳 张广花
责任印制：黄章平
责任校对：王纪慧

出版发行：经济管理出版社
　　　　　（北京市海淀区北蜂窝 8 号中雅大厦 A 座 11 层　100038）
网　　　址：www.E-mp.com.cn
电　　　话：（010）51915602
印　　　刷：三河市延风印装有限公司
经　　　销：新华书店
开　　　本：710mm×1000mm/16
印　　　张：10.25
字　　　数：151 千字
版　　　次：2020 年 6 月第 1 版　2020 年 6 月第 1 次印刷
书　　　号：ISBN 978-7-5096-7067-5
定　　　价：58.00 元

目前我国主要实施的是政策性农业保险，虽然近年来在我国取得了很大发展，但是实施效果并不理想。由于赔偿金额有限使其不能很好地发挥风险管理功能，同时也没有起到很好的收入支持功效，因此我们需要不断探索新的农业保险方式。近年来，气象指数保险逐渐兴起，它在某种程度上可以弥补传统农业保险的缺陷，但是在其运行过程中产生的基差风险可能会大大削弱风险管理的效果，这种情况下如果盲目地对其进行补贴推广发展，不仅不利于我国农业风险管理，还可能导致补贴的低效率。因此需要对气象指数保险在中国的适用性进行分析。

另外，近年来中美贸易摩擦不断，农产品贸易是双方关注的一个重要领域，也是容易引起争议的领域。为了保障粮食安全、维持农业可持续发展，我国需要给予农业生产一定的扶持和补贴，降低生产成本以调动农户的生产积极性。而根据世界贸易组织《农业协定》的相关规定，中国农业正面临补贴的警戒"黄线"，相关政策亟待调整。面对这一局面，我国相关部门近年来积极地进行探索和调整，亟须探索一种符合相关规则且不易引起贸易争端的补贴方式来支持我国农业发展。农业保险在世界贸易组织的相关规定中属于"绿箱政策"，对其进行补贴是被国际相关规定认可的，是很多欧美国家支持农业发展的一项有效措施。气象指数保险最大的优势是降低勘测定损费用，这对于支持农业发展、增加农户收入十分有利。因此，如何利用好这一优势，对现有保险制度进行创新并充分发挥农业保险的收入支持功能是摆在我们面前的一个课题。

本书有别于以往从农户角度来研究农户对气象指数保险的需求，主要从气象指数保险产品设计供给的角度出发，基于我国农业风险及经营实际状况，将种植业生产面临的整体产量风险与区域内系统性风险相区分，通过测算 4 种粮食作物的整体产量风险与区域内作物受灾的系统程度分别对气象指数保险实施的可保性进行分析，然后探讨气象指数保险在我国的适用性。并结合气象指数保险自身具备的优势，选择合适的政策目标对气象指数保险进行改进，根据大规模种植户的生产特征对传统农业保险提出改进建议，试图构建我国种植业保险体系。

CONTENTS 目 录

第一章 绪论 ·001

第一节 问题提出与研究意义 ·001

一、问题提出 ·001

二、研究意义 ·003

第二节 研究目标与内容 ·004

一、研究目标 ·004

二、研究内容 ·005

第三节 研究创新与不足 ·005

第四节 本书结构安排及技术路线 ·006

第二章 文献综述 ·008

第一节 概念界定 ·008

一、农业保险与种植业保险 ·008

二、指数保险与气象指数保险 ·011

第二节 文献梳理 ·013

一、农业风险管理研究 ·013

二、气象指数保险的相关研究 ·017

三、农业保险政策目标研究 ·024

第三章 研究思路与数据说明 ·027

第一节 研究思路 ·027

一、气象指数可保性条件 ·028

二、气象指数保险政策目标定位　·030

第二节　数据说明　·032

一、资料来源　·032

二、样本特征　·033

第四章　中国农业保险发展及国际发展趋势　·038

第一节　中国农业保险演变过程及发展现状　·039

一、我国农业保险演变过程　·039

二、我国农业保险发展现状　·047

三、我国现行种植业保险条款　·053

第二节　国内外气象指数保险发展状况　·055

一、国外气象指数保险发展现状　·055

二、我国气象指数保险发展现状　·060

第三节　国际农业保险发展趋势及启示　·065

第四节　本章小结　·071

第五章　气象指数保险的基本可保性分析　·073

第一节　作物减产概率分布测算方法　·073

第二节　作物减产概率分布结果及分析　·075

一、小麦平均减产概率分布　·076

二、玉米平均减产概率分布　·079

三、稻谷平均减产概率分布　·082

四、大豆平均减产概率分布　·085

第三节　气象指数保险基本可保性评价　·088

第四节　本章小结　·090

第六章　气象指数保险减产系统性可保性分析　·092

第一节　种植业减产系统性测算方法　·093

一、县域作物减产系统性测算方法　·093

二、数据说明　·095

第二节　作物减产系统性测算结果及分析　·095

　　一、小麦减产系统性　·096

　　二、玉米减产系统性　·097

　　三、稻谷减产系统性　·099

　　四、大豆减产系统性　·100

第三节　气象指数保险减产系统性可保性评价　·102

第四节　本章小结　·103

第七章　气象指数保险目标定位与中国种植业保险
　　　　体系构建　·105

第一节　气象指数保险政策目标定位　·105

　　一、农户现实需求　·106

　　二、政策目标实现难度分析　·108

　　三、政策目标定位　·109

第二节　改善中国种植业政策保险的措施　·110

　　一、气象指数保险改进措施　·110

　　二、现行种植业保险改进措施　·112

　　三、中国种植业保险体系构建　·113

第三节　本章小结　·115

第八章　研究结论与展望　·117

第一节　基本结论　·118

第二节　研究展望与讨论　·119

参考文献　·121

附　录　·138

后　记　·152

第一章
绪论

第一节　问题提出与研究意义

一、问题提出

我国是世界上遭受农业灾害较严重的国家之一，2008~2017年，农作物受灾面积占总播种面积的平均比例达到19.01%，成灾和绝收面积占总播种面积比重分别达9.24%和2.07%。加之近些年全球气候变化，极端气候增多，给农业生产带来了巨大的不确定性。面对严重的灾害，为了维持农业稳定发展，我国不断探索有效的农业风险管理方式。农业保险被认为是比较有效的风险管理工具（中国赴美农业保险考察团，2002；Cole，Stein，Tobacman，2014），在防灾防损、灾后恢复、保障农业安全等方面可以发挥一定作用，因此我国在不断地探索合理的农业保险制度。2004年后，我国积极探索合理的农业保险制度，最终建立了政策性农业保险制度。与其他财产性保险类似，目前实行的政策性农业保险是一种针对个体性风险的保险类型，在定损及理赔过程中需要进行实地勘测。在实现风险管理过程中这类传统农业保险因存在很多问题被学者所诟病，比如在保险运行过程中存在自选择、道德风险以及高额的运营成本等缺陷（Barnett，Mahul，2007；Giné，Townsend，Vickery，2007；Heimfarth，Musshoff，2011；Jensen，Barrett，Mude，2016）。虽然在实践中采用一定的技术和规则来不断完善，逐渐降低由自选择和道德风险引起的成本，但是传统农业保险进行实地勘测的运营成本难以降低，这直接影响对农户的赔付金额。由于赔偿金在很大程度上不能弥补农户受灾损失，所以传统农业保险在我国实际运行中不能很好地发挥风险管理功能（钟甫宁，2016）。

　　为了解决传统保险所固有的缺陷，气象指数保险应运而生，它不仅可以降低由自选择和道德风险引起的成本，还可以大幅度降低由勘测定损所产生的费用，理论上可以减少险资"漏出"提高赔偿金额，有利于风险管理功能的发挥。目前，世界上很多发展中国家开始实施气象指数保险，比如印度、肯尼亚、马拉维、蒙古国等（Skees，Barnett，2006；Giné，Townsend，Vickery，2007；Jensen，Barrett，Mude，2016；Bertram-Huemmer，Kraehnert，2017）。国内一些学者认为指数保险（包括气象指数保险）是一种创新的、有效的风险管理工具（陈盛伟、张宪省，2014）。但气象指数保险同样存在着自身的缺陷，它在实践运行中会出现基差风险（Basis Risk），而基差风险的产生会直接影响气象指数保险的风险管理效果（Barnett，Mahul，2007；Elabed et al.，2013；Leblois，Quirion，Sultan，2014；Jensen，Barrett，Mude，2016）。气象指数保险利用气象观测站检测的气象数据作为理赔标准，当某一气象指标低于阈值即开启理赔。基于这样的理赔模式，可能会出现气象监测范围和受灾范围不一致的情况，进而产生基差风险，导致受灾的农户得不到补偿或没受灾的农户得到补偿，抑或虽赔偿了但是赔偿的金额有误差。因此，只有在一个区域内作物受灾的统一性较强的情况下，才能确保气象指数保险有效发挥风险管理功能。

　　在我国，气象指数保险最早出现于2007年，上海市推出了西甜瓜梅雨强度指数保险，之后很多地区不断试点实施气象指数保险。2015年以后，全国气象指数保险试点开始迅速增多，这与近年一些地方政府对气象指数保险进行补贴推广密切相关，例如在一些地方气象指数保险的保费中农户只需自负30%，省财政和县财政分别承担30%、40%，补贴总量达到70%。然而，在没有明确气象指数保险是否可行的情况下，政府就开始鼓励大范围推广，尤其是通过补贴的方式来推动其发展，最终可能不仅不利于农业风险的分散，还会导致财政资金的浪费。因此，需要在推广之前对我国基本的农作物风险状况进行评估，看是否能够满足气象指数保险分散风险的要求。

实行保险政策最基本的政策目标是进行风险管理，但实际上西方国家并没有将农业保险的政策目标定位为风险管理，而是在世界贸易组织《农业协定》相关规定允许的情况下，通过风险管理的名义来采取补贴措施最终达到农业收入支持的目的，这些国家对农业保险的大量财政补贴实质就是对本国农业进行扶持。目前我国实行的农业保险政策目标定位仍然停留在风险管理的阶段，虽然目标定位是风险管理，但由于农户在实际中获得的赔偿金较少，使农业保险风险管理功能实现效果较差，如果我国也效仿发达国家将收入支持作为农业保险政策的首要目标，那在实现方式方面就要有别于风险管理，需要寻找新的方式。为了最终实现收入支持目标，不仅需要政府增强对农业保险的支持补贴力度，而且需要在农业保险运营管理过程中减少不必要的交易成本，即减少所谓的财政资金"漏出"。本书在分析气象指数保险风险管理功能的基础上，考虑到政府补贴所具有的政策性，进一步挖掘其在收入支持方面的功能，试图将气象指数保险改造成为农业支持的工具，完善我国农业支持体系，因此，本书具有较强的现实意义。

综上所述，在对气象指数保险适用性进行评估和完善的过程中我国支农政策中需要解决的主要问题有：我国农业生产中的作物产量风险分布如何？是否满足气象指数保险可保性的条件？目前我国大多数农户对农业保险的功能需求是什么？如何发挥气象指数保险的收入支持功能？

二、研究意义

（一）现实意义

由于我国农业面临着较为严重的自然风险，我国政府在不断探索寻找合适的风险管理工具，本书通过对气象指数保险的目标实现进行研究，探讨其在我国实施的可行性，对于我国寻找合适的风险管理方式具有较强的现实意义，主要表现在以下三个方面。

（1）在气象指数保险没有在全国范围内推广之前，对其进行客观有效的评估，尤其是对其风险管理目标实现情况做出评价，可以为相关政策制定实施提供科学的依据。

（2）通过评估气象指数保险在我国实施的可行性，可以为相关保险企业提供参考，避免盲目推出该类保险产品。

（3）气象指数保险具有的低运营成本的优势有利于其收入支持目标的实现，采取有效措施可将其发展为支持农户收入的措施，这有利于我国寻找符合世界贸易组织相关规定的措施，从而进一步支持国内农业生产，保障我国的粮食安全。

（二）理论意义

本书除具有以上的现实意义外，还具有较强的理论意义，主要表现在以下两个方面。

（1）本书利用农户微观数据将农户种植作物的整体性风险与系统性风险相区分，分别测算了全国及各省份粮食作物的减产概率分布以及县域减产系统性，丰富了我国农业风险测算的思路和方法。

（2）本书试图将保险与储蓄两种风险管理工具相结合，从而进行金融工具创新，探索适合我国农业风险的风险管理工具，这在相关理论方面具有一定的创新。

第二节　研究目标与内容

一、研究目标

鉴于现行农业保险存在的诸多问题，我国很多地方开始试点实施气象指数保险。本书的整体目标是探讨气象指数保险是否可以替代现有农业保险实现风险管理目标。本书具体目标可以划分为以下四个方面。

（1）在了解国内外农业保险发展现状的基础上，了解农业保险进一步的发展趋势。

（2）根据各种农作物风险状况以及我国农户农业经营实际状况，客观评价在我国农业基本生产条件下气象指数保险的可保性条件的满足程度。

（3）通过测算我国县域内农作物减产系统性状况，进而判断气象指数保险在我国是否可以很好地发挥风险管理功能。

（4）定位气象指数保险政策目标，构建我国多层农业保险体系。

二、研究内容

依据研究目标，本书的内容主要包含以下四个方面。

（1）国内外农业保险发展状况以及气象指数保险发展状况。

（2）基于我国农作物的产量风险概率分布以及农户经营状况，对气象指数保险基本可保性进行评价。

（3）在测算全国及各省份不同作物县域减产系统性的基础上，评价气象指数保险的适用性。

（4）对气象指数保险政策目标进行定位，构建我国农业保险体系。

第三节　研究创新与不足

与以往研究相比，本书的主要创新之处体现在以下三个方面。

（1）在研究内容上，本书讨论了气象指数保险在区域内的适用性问题，试图探讨气象指数保险发挥风险管理功能需要满足的条件，这有别于目前大多数从农户角度出发来探讨气象指数保险需求问题的研究，是对现有研究的进一步补充，因而在研究内容方面具有创新性。

（2）在研究方法上，在判断气象指数保险的可保性条件时，将农作物的整体风险与系统性风险相区分，并运用概率分布的方法对我国种植业存在的整体风险和作物减产系统性进行测算，在研究方法上具有一定的创新性。

（3）在研究思路上，本书在最后政策建议部分，根据气象指数保险需要定位实现收入支持的相关判断，首次提出采用气象指数保险的理赔办法与中国城镇住房公积金（或者智利的失业保险储蓄账户制度）发放形式相结合的方法，探索支持农业发展的新措施，这扩展了我国农业保险发展的思路。

当然，由于受到数据、方法及笔者研究能力的限制，本书依然存在一些不足之处，主要体现在以下两个方面。

（1）本书仅采用4种粮食作物来代表种植业进行测算，分析可能存在一定的局限性，对于其他作物如经济作物的农业保险有待进一步地研究和探讨。

（2）由于数据限制以及时间有限，本书采用的数据是2004~2011年的面板数据，时间跨度相对较短，在农业保险中为了进一步地准确测算，今后需要延长测算的时间跨度。

第四节　本书结构安排及技术路线

根据上文研究内容，本书共分为八章，具体结构安排如下：

第一章为绪论。

第二章为文献综述。本章首先对农业保险与种植业保险、指数保险与气象指数保险做了概念界定，其次对目前国内外有关气象指数保险的相关研究进行了综述。

第三章为研究思路与数据说明。本章对全文的研究框架进行阐述，并对相关资料来源做简单介绍。

第四章为中国农业保险发展及国际发展趋势。本章对我国农业保险发展现状、国际农业保险发展趋势以及气象指数保险在国内外发展等现状做了介绍。

第五章为气象指数保险的基本可保性分析。本章在测算我国粮食作物减产概率分布的基础上，结合我国农户生产特征，对气象指数保险作为保险的基本可保性做出评价。

第六章为气象指数保险减产系统性可保性分析。本章对我国县域作物减产系统性的可保性进行评价，进而评价气象指数保险风险管理目标的实现潜力。

第七章为气象指数保险目标定位与中国种植业保险体系构建。本章首先根据农户目前的现实需求，对气象指数保险的政策目标进行定位，其次试图为我国种植业保险体系构建提出建议。

第八章为研究结论与展望。

基于研究目标及内容，本书所采用的技术路线如图 1-1 所示。

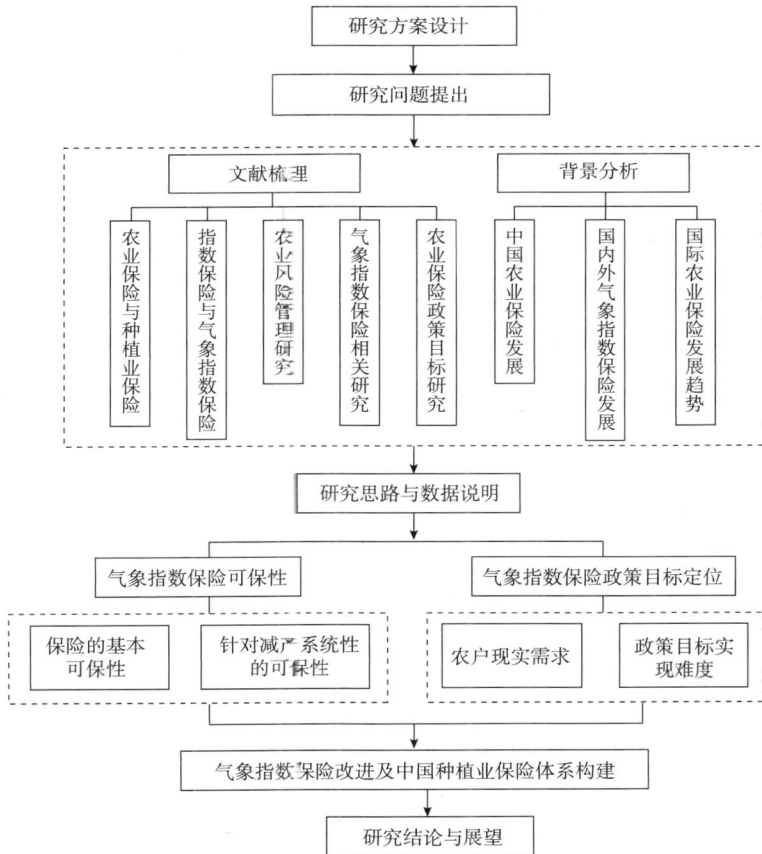

图 1-1 本书的技术路线

资料来源：笔者绘制。

第二章
文献综述

本章首先对本书中涉及的相关概念做出界定，其中包括农业保险、种植业保险、指数保险、气象指数保险。之后分别以农户、保险公司以及政府三个农业保险市场主体为依据对国内外气象指数保险的相关研究进行了综述。

第一节 概念界定

一、农业保险与种植业保险

通常情况下农业具有狭义和广义之分，狭义的角度主要指种植业生产及其有限的延伸，广义的角度则包括农林牧副渔的生产及其有限的延伸。与狭义和广义农业相对应，根据保险的标的和对象范围，对农业保险也有广义和狭义的理解。狭义的农业保险专指以种植业中的农作物和养殖业中的动物为对象保险（庹国柱、李军，2005）。根据我国2013年3月1日起施行的《农业保险条例》，农业保险被定义为：保险机构根据农业保险合同，对被保险人在种植业、林业、畜牧业和渔业生产中因保险标的遭受约定的自然灾害、意外事故、疫病、疾病等保险事故所造成的财产损失，承担赔偿保险金责任的保险活动[1]。因此本书认为狭义的农业保险范围可以进一步扩展为以农林牧副渔的生产对象为标的的保险。而广义的农业保险除了包括狭义的农业保险标的以外，还包括农业生产经营者及其家庭成员的人身保险和财产保险，如农房保险。由于农业保险与其他的保险险种不同，很多学者认为其属于准公共物品[2]（李军，1996；庹国柱、王国军，2002；邢鹂，2004；张跃华、顾海英，2004；孟春，2006），往往需要政府给予一定的政策支持，因此常被称为政策性农业保险。出于研究目标和内容，本书中的农业保险主要是指狭义的农业保险。

政策性农业保险是农业安全网最基础、最重要的组成部分，对健全国家农业支持保护体系起到不可替代的作用（夏益国、孙群、刘艳华等，2014）。其基础性作用主要表现在农业保险可以补偿灾害风险损失、市场波动而致的损失，保障农民基本的再生产能力，稳定农村居民生产生活，进而促进农业和农村经济持续增长，对于稳定农业生产和保障国家粮食安全有着重大的战略性意义（朱俊生、赵乐、初萌，2013）。政府在相关政策补助的导向作用下促成农业风险市场的形成，将农业风险进行社会分摊并建立互助机制，逐渐培养农民的风险成本意识，推动农业保险市场的建立与完善（夏益国、孙群、刘艳华等，2014）。农业保险作为世界贸易组织《农业协定》中的"绿箱政策"，是国家支持保护国内农业生产及市场的重要举措，是必不可少的农业支持政策措施。

需要重点强调的是，通常所说的农业保险是政策性保险，但这并不意味着所有农业保险产品都要实行政策性经营（庹国柱，2013a），庹国柱、朱俊生（2005）曾对农业保险中政策性经营和商业性经营的项目或产品进行区分，一般情况下，那些关乎国家粮食安全和国计民生，对农村地区社会经济发展具有重大意义，但是由于风险较高，一般商业保险公司不愿意经营的保险产品，才应该纳入政策性农业保险范畴内，比如

---

[1]　资料来源：中华人民共和国人民政府网站（http：www.gov.cn/zwgk/2012-11/16/content_2268392.htm）。
[2]　准公共物品是介于私人物品与纯公共物品之间，在消费过程中具有不完全非竞争性和排他性的产品。

玉米、小麦、水稻等粮食作物以及棉花等经济作物的多种险，还有农村地区主要的家畜和家禽死亡保险等。农业保险中适用于商业性经营的保险包括单风险农作物保险，小范围且价值较高的设施农业或精细农业、特种养殖保险等。

种植业保险是指以农作物及林木（包括果树、林木、储藏农产品）为保险标的，对在生产或者初加工过程中发生约定的灾害事故造成的经济损失承担赔偿责任的保险（庹国柱、李军，2005；裴光、庹国柱，2009）。由于种植业保险的政策性比较强，通常也将其称为种植业政策保险。种植业生产对象比较多样化，根据不同的分类标准，可以将种植业划分为不同的类别。如果按照农业标的类别划分，可分为粮食作物保险、经济作物保险、蔬菜园艺作物保险、水果及果树保险、林木保险、其他种植业保险。如果按照农作物所处生长期划分，可分为生长期农作物保险、收获期农作物保险（裴光、庹国柱，2009；庹国柱、赵乐、朱俊生等，2010）。本书所要研究的种植业保险主要是粮食作物的相关保险，因此本书中提到的种植业主要是指粮食作物；同时本书的研究重点是种植业保险，因此本书中提到的农业保险主要是指种植业保险。

种植业保险市场中的供需双方分别是保险公司和农户，如图 2-1 所示。其中供给方保险公司根据市场需求设计制定相应的农业保险产品，并为购买产品的农户提供保险服务，需求方农户受自身风险偏好等因素的影响，会选择缴纳保费购买相应的保险产品。在通常的产品市场或者其他保险产品市场中，拥有供给双方就可以维持该市场的运行。但是在农业保险市场当中，作为支持方的政府是必不可少的（Cole，Giné，Tobacman et al.，2013），它是维持市场顺利运行的必备要素。庹国柱、王国军（2002）认为，大多数农业保险产品尤其是多风险或一切险农作物保险，不具有私人物品的特征，而具有大部分公共物品的特征。张跃华、顾海英、史清华（2005）从效用层面进行研究发现，中国农民对于风险的偏好在低收入时往往趋于风险中性，在没有补贴的情况下，不倾向于使用农业保险来分散农业生产中遭遇到的自然风险。庹国柱（2005）认为没有政府补贴，农业保险市场将难以维持。在我国农作物保险的实践过程中，政府作为支持方在农业保险市场中起着关键的作用（王克，

2014），在某种程度上可以说政府的相关支持政策促成了供需双方交易的达成。因此，在政策性农业保险市场中的核心主体应该是作为支持方的政府。

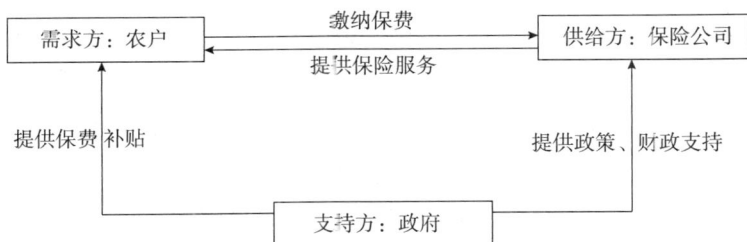

图 2-1 种植业保险各相关主体关系

资料来源：笔者绘制。

二、指数保险与气象指数保险

指数保险是在传统的农业保险基础上创新发展起来的，最早可以追溯到 20 世纪 50 年代瑞士推出的气象指数保险产品，针对传统农业保险的缺陷，国际农业保险界从 20 世纪 80 年代以来开发了一种金融创新产品——指数保险，之后在世界银行的推动下，指数保险在许多发展中国家开始试点，作为平滑发展中国家农业风险的手段得到了长足的发展（Skees，2008）。指数保险是依据区域产量或者某些天气指标（如降雨量、气温等气候变化的可观测值）进行赔偿的农业保险产品。指数保险最大的特点是将保险标的物（农作物）损害程度指数化，在此基础上设计相关保险合同，确定相应标准水平，灾后实际计算出来的指数如果达到合同标准，则投保人可以得到相应赔偿（吕开宇、张崇尚、邢鹏，2014）。与传统农业保险产品不同，指数保险的赔偿并非基于单个农户的实际损失，而是基于预先设定的参数是否达到触发水平（谢玉梅，2012）。指数保险可在某种程度上缓解或避免传统农业保险存在的一系列问题，在实施的过程中其标准化程度较高。因此一些学者认为指数保险是一种创新的、有效的风险管理工具（张宪强、潘勇辉，2010；吕开宇、张崇尚、邢鹏，2014 ；牛浩、陈盛伟，2015a ）。

指数保险所依据的指数类型比较多样，比如用反映气候的指标、卫星图像、区域内农作物的平均产量或者是价格等作为触发参数（Trigger），而与此相对应的产品有气象指数保险、产量指数保险、卫星指数保险、价格指数保险和收入指数保险等多种类型（吕开宇、张崇尚、邢鹏，2014 ）。目前，比较常见的两种指数保险分别是区域产量指数保险（Area Yield Index Insurance）和气象指数保险（Weather Index Insurance）（凤兰、李晓林，2013 ）。区域产量指数保险是将区域实际平均产量作为触发参数进行区域性赔付，而不管区域内单个农户的实际产量（Skees，Black，Barnett，1997 ；Binici，Zulauf，2006 ）。与其他类型的指数保险相比，气象指数保险目前在很多国家进行试点推广。世界银行于2003 年在印度进行了降雨量指数保险的试点，最终试点成功，表明降雨量指数保险在当地较为可行。之后相继推出各种类型的气象指数保险（如季风指数保险、洪水指数保险、干旱指数保险等）。农业气象指数保险是指把一个或几个气候条件（如气温、降水、风速等）对"标的物"损害程度指数化，每个指数都有对应的指标和损益，保险合同以这种指数为基础，当指数达到一定水平并对标的造成一定影响时，投保人就可以获得相应标准的赔偿。气象指数保险实质上是将特定的农业气象指标指数化后作为触发机制，当指数超出预定的标准，保险人就要进行理赔的农业保险模式（宋博、穆月英、侯玲玲等，2014 ；牛浩、陈盛伟，2015a ）。气象指数保险也是产量保险的一种类型，其内在机理在于通过气候指数来推测农作物产量受损情况，然后对产量损失进行赔偿。通常情况下，气象指数保险是以当地气候站观测到的相应指数作为依据进行理赔的。目前在我国许多地区开始逐渐试行气象指数保险，有一些学者认为指数保险是一种有效替代传统农业保险的风险管理工具（谢玉梅，2012 ）。国际和国内的一些研究认为，气象指数保险在实际运用当中有一定的优势，比如：可以有效地避免逆向选择和道德风险（Skees，2008 ；Miranda，Farrin，2012 ），可以降低保险经营、管理费用（Turvey，2001 ；Hess，Skees，Stoppa et al.，2005 ），可以降低收入支持的成本，对农业补贴具有灵活性等（陈盛伟，2010 ）。但气象指数保险也存在许多问题，其中最主要的问题就是存在基差风险，基差风险给气象指数保险的实行带来了挑战（Miranda，Vedenov，2001；Skees，2003；Turvey，2001），Elabed、Carter（2014）认为，由于基差风险指数，保险成为一种复合彩票（Compound Lottery）。而基差风险是任何基于指数的保险不可分离的一部分，这一风险只能被尽量减小但不能完全避免（Rao，2010）。

第二节　文献梳理

一、农业风险管理研究

农业风险管理的对象是农业风险，农户在进行农业经营的过程中会遇到各种风险，庹国柱、李军（2005）根据引起农业风险的自然因素和人为因素将其划分为自然风险、经济风险和社会风险。邢鹂（2004）认为，农业风险来自于地理环境、气候和生物本身内部的不确定性，以及农业投入产出市场的不确定性，所以其将农业风险主要划分为自然风险、价格风险、新技术风险和其他风险。Schaffnit（2010）把农业风险划分为六种典型类型，即生产风险、价格与市场风险、规制风险（Regulatory Risk，因农业政策变化而引起的风险）、技术风险、金融风险、人为风险。Kimura、Antón（2011）将农业风险划分为正常风险（Normal Risk）、市场风险和巨灾风险。基于对相关文献的总结，本书将农业风险主要归纳为三大类，即自然风险、市场风险（包括价格风险、金融风险等）、社会风险（包括技术风险、政策风险、个体人为风险等）。当然随着农业生产经营的发展，还会不断出现新的农业风险，但最终可以将其纳入这三种主要的风险当中。自然风险主要是由自然灾害引起产量损失而带来的风险，自然灾害主要包括气象灾害（旱灾、洪水、霜冻等），病、虫灾害，环境灾害（大气污染、水土流失等）等。本书主要研究的是种植业的产量保险，因此重点研究应对自然风险的风险管理策略。

　　农业风险管理的目的是以最小的成本选择和采用适当的风险管理方法来最大限度地分散农业生产中的风险，为了达到这一目的，不同的农业经营主体会根据自身条件选择不同的风险管理策略，那么农业风险管理策略有哪些呢？很多学者对农业风险管理策略进行归纳总结，具有代表性的观点有：MAFF（2001）将农业风险管理策略分为两类，即"多元化经营"策略和"风险分担"策略，其中"风险分担"策略包括要素合约、市场合约、农业保险、财务杠杆、外部资产融资五个方面。徐雪高、沈杰、靳兴初（2008）在综合相关文献的基础上将农业风险管理策略分为以下几种：生产经营多样化、合约生产、利用期货市场、参与保险以及其他手段（如分阶段销售、市场信息收集、合作社、手头保留现金等）（Flatten，2005）。庹国柱、李军（2005）归纳的农业风险管理策略主要有三方面：①预防措施，主要包括针对不同风险采用的技术或工程措施、增加非农收入、多样化种植、建立储备金；②转嫁措施，包括保险转嫁和非保险转嫁（转租、转包、购买期货）；③救灾和救济，主要是依靠政府和社会力量对灾区进行经济方面的资助。从风险管理主体角度来划分，农业风险管理策略又可划分为两种：一种是农户自我风险管理策略，另一种是通过和其他人共担风险来达到风险管理目标（刘学文，2014）。和其他人风险共担策略包括很多种方式，具有代表性的是巴曙松（2013）的观点，他首先将农业风险划分为三类，即产量风险、价格风险、巨灾风险；针对产量风险他认为其风险符合大数定律，可以通过农业保险以及再保险形式来分散风险；价格风险是农户在农产品市场上所面临的另一个较大风险，主要利用对冲机制运用订单农业、期货、金融市场进行风险分散；巨灾风险也是产量风险的一种，但是由于巨灾风险较为特殊，是市场或农户无法单独解决的，需要政府干预和市场运作，比如利用巨灾保险和巨灾证券。

　　结合已有研究，下面将对农业风险管理具体的工具进行归类。OECD的相关研究（Antón，Kimura，2011；Antón，Kimura，Martini，2011；Melyukhina，2011）认为农业风险管理体系的建立需要农户、市场、政府有序结合。实施农业风险管理的主体应该是作为农业经营主体的农户，金融市场以及政府可以协助农户进行风险管理。农户在没有市场或政府相关措施协助时，通常会采用以下几种方式来进行风险管理，即选择低风险、稳产作物品种，多样化种植，参与非农就业，社会关系互助，资产变卖，修建水利设施等。一些金融手段也可以成为农户进行风险管理的工具，比如银行存款或信贷、农业保险等。由于农业是弱质产业，需要政府的支持与扶植，尤其是在面对自然风险时，国家应该采取相应措施辅助农户进行风险管理，国家可以采用的风险管理策略主要有改进相关技术，建设大型工程设施，灾害援助、救济等。从处理风险的方式来划分，又可将风险管理措施归纳为风险防范、风险转移、风险保留、风险援助（Carter et al.，2014）。不同主体采用的风险管理工具可以相应归纳到这四种风险处理方式当中，如表 2-1 所示。

表 2-1　农业风险管理工具分类

	农户	市场	政府
风险防范	选择低风险、稳产作物品种，修建水利设施	银行储蓄	改进相关技术、建设大型工程设施
风险转移	多样化种植、参与非农就业	农业保险	
风险保留	资产变卖	银行借贷	
风险援助	社会关系或自发组织互助		储备金用于灾害援助、救济

　　资料来源：笔者根据相关文献资料（庹国柱、李军，2005；OECD，2009、2011；Antón，2013；Smith，2016；Fuchs，Wolff，2011；Chantarat et al.，2007）归纳得到。

　　从农业风险管理工具分类中可以看出，金融工具也是防范农业风险的重要措施，其中包括银行储蓄、借贷，农业保险等。理论上金融产品的使用应该由金融市场来进行调节供需，但是由于农业具有的特殊性，往往使这些金融产品市场调节失灵[①]，因此需要政府进行市场"干预"以弥补相应不足，这使这类风险管理工具在运用时相对比较复杂。

　　农业风险管理工具有不同的适用范围，在现有研究中比较有代表性

---

　　① 农业风险往往具有系统性，金融产品分散系统性风险的能力有限，在市场自我调节中可能会出现问题。比如遇到灾害时农户可能都需要贷款，或者农业保险公司需要对很大区域的众多农户进行赔偿。

的是 Mahul、Stutley（2010）的研究，他们提出风险管理工具的选择应该根据风险发生的频率以及损失程度来进行选择，如图 2-2 所示。他们认为当农业灾害发生概率比较高且损失程度较小时，通常由农户自行采用储蓄、信贷的方式来应对这些风险。当灾害发生频率相对较高，且损失程度较大时，可以采用农业保险来转移风险。针对发生概率很小但损失很大的灾害，可以采用大灾保险进行风险转移，面对损失较大的灾害还需要政府对再保险和资本市场进行支持以确保风险转移。

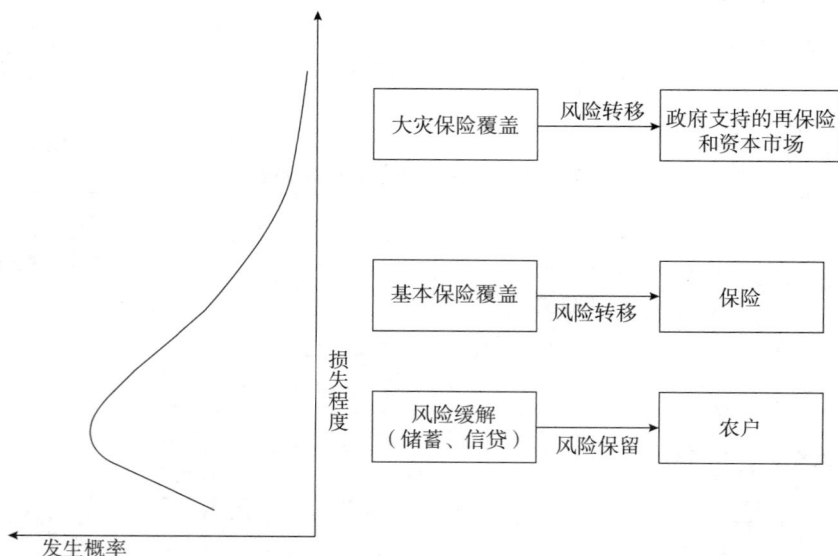

图 2-2　农业风险管理分层

资料来源：Mahul 和 Stutley（2010）的研究。

农作物作为保险标的与一般标的物的较大区别在于其单位面积价值比较低，因此只当农作物损失达到一定面积时，其总体价值才相对较高。在 Mahul、Stutley（2010）的研究中对于损失程度没有细致划分，在这里损失程度可以有两种理解：一是单位面积损失程度，二是农户损失的总价值。农户损失的总价值是指当作物出现低灾害发生率高的总损失时，农户需要如农业保险等转移风险的风险管理工具。单位面积损失程度要区分"高损失程度"的两种情况：低灾害发生率、高总损失（大规模农户）和低灾害发生率、低总损失（小规模农户，单位面积损失程度高但种植面积小，总损失亡就小）；对于低灾害发生率、低总损失（小规模农户）来说，风险管理工具选择农业保险则不合适，因为一般农户可以通过其他手段将这部分相对较小的损失化解掉。因此本书将风险管理工具进一步区分为损失的总价值较高和损失的总价值较低两种情况来进行选择。

二、气象指数保险的相关研究

气象指数保险市场主体主要包括农户、保险公司、政府，在气象指数保险市场运行中不同主体所发挥的作用各不相同，下面将以三个主体为依据对气象指数保险的相关文献进行综述。

（一）农户

农户是气象指数保险市场的直接参与主体，目前有很多相关研究从农户的角度来探讨气象指数保险需求较低的原因。因此对于气象指数保险需求影响因素探讨较多，下面主要从收入、价格、政府政策、受教育状况（金融保险知识获取）、风险管理方法、基差风险等方面来对现有文献进行综述。

商品价格会直接影响到商品需求，同样在气象指数保险市场中，价格对于气象指数保险的需求也具有重要影响，Calum、Turvey、Kong（2010）对陕西省眉县和甘肃省清水县897户农民旱灾保险购买意愿的研究结果表明，保险的价格显著影响农户的有效需求；宋博、穆月英等（2014）运用 Logit 模型对浙江地区柑橘种植农户的气象指数保险购买意愿有关的影响因素进行了实证分析，分析结果进一步表明，保险产品的价格水平与支付意愿负相关。

除了气象指数保险价格外，农户收入也会对气象指数保险需求产生直接影响。许多研究表明农户的收入状况（贫困状况）会影响到气象指数保险需求。例如，Sarris 等（2006）走访了坦桑尼亚的 1000 个农民，研究表明，富有地区农户的保险需求量大于贫穷地区农户的保险需求量；

Giné、Yang（2009）的研究也发现财富和雨水指数保险需求量呈现正相关关系。Janzen、Carter、Ikegami（2013）的模拟结果也说明，贫穷的农民最不可能购买保险，但恰恰保险在贫穷的人身上才能发挥出其最优的效果。

农民受教育程度也会影响到气象指数保险的需求，Hill 等（2013）的研究中指出，在受教育程度不足地区的农民容易对气象指数保险产品产生抵触情绪，保险的需求量也会因此降低。Binswanger-Mkhize（2012）对于农户指数保险需求的研究表明，即使穷人选择参保时能够在发生损失后获得相应补偿，但由于受教育水平低，金融相关知识掌握不足，以及信贷受限等原因，他们无法在获利可能性的驱动下增加购买量；只有在成本极低时，保险需求才会有所增加。Binswanger-Mkhize（2012）的研究表明，受教育水平低下使穷人无法获得使用高级金融工具的经验，也没有支付保险的资本，因此缺乏对指数保险产品的需求。农民受教育程度会影响保险的购买，另外对于新的金融保险知识的获取在某种程度上也会影响农户的购买行为。气象指数保险没有得到农民的高度关注，很大一部分原因是农民不了解金融和保险知识，对保险公司产品不信任，不知道正确地选择天气衍生品有利于其分散农业风险，保障自身的生产利益。Cai 等（2014）在研究中提到，农户对金融保险知识的不了解以及对保险产品的不信任是抑制指数保险需求市场发展的重要原因之一；Karlan 等（2014）的研究结论也提到，对于金融知识的缺乏会导致农民低估指数保险的风险分散效果，从而导致需求不足。Cole 等（2013），Giné、Yang（2009），Cai 等（2014）分别通过对印度、马拉维以及中国的研究佐证了金融保险知识对于指数保险需求市场的积极作用，相关家庭理财知识的普及程度和指数保险需求成正比例关系。进一步地，Carter 等（2014）提出可以灵活运用网络平台社区在人们生活中的重要地位，将其作为普及家庭理财知识的主要方式，从而解决金融教育的高成本问题。

在有关政府相关政策（如保费补贴）对农户气象指数保险需求影响的研究中，学者们的观点有所分歧，一些学者如 McIntosh 等（2013）通过研究发现补贴对于增加农户气象指数保险的支付意愿具有非常显著的影响，少量的补贴就能大幅增加农户对于气象指数保险的需求量；一些学者（Mobarak，Rosenzweig，2012；Cole et al.，2013；Hill，Robles，Ceballos，2016；Jensen，Barrett，Mude，2016）发现农户对气象指数保险的需求价格弹性很小，这说明农户的保险需求对补贴并不敏感，政府必须提供基本覆盖保费大额补贴，才能对需求起到促进作用；另外Greatrex 等（2015）、Benfield（2013）、Singh（2010）在对印度指数保险计划的发展研究中也都表明，70% 以上的高额财政补贴才能够促进保险市场的需求增长。

现有研究发现，农户对所在社区的团体或成员的信任度会远高于对保险公司的信任度，他们往往会在购买前询问自己身边熟悉的人。Cai 等（2014）发现，中国农民倾向于选择身边的人试用过的，而且赔付情况能够使其满意的农业保险产品；Hill 等（2013）认为，相比于促进个人需求，团体需求更容易得到提高。从集体的角度来看，一些学者（Clarke，Dercon，2009；Dercon et al.，2014）认为在一个团队中，个人的相对风险更小，通过团购协变量风险产品就可以实现分散。关于如何摆脱信任度不够的困境，一些学者也给出了一系列的建议：Dercon 等（2014）认为，团体购买指数保险产品配合非正式风险分散方法可以更好地促进农民对保险的购买意愿；Da Janvry 等（2014）研究认为，集体购买可消除一部分不信任感，从而增加个体对于指数保险的有效需求；Hill 等（2013）认为，保险经纪人可以起到组织集体购买保险、联合农户进行团体风险分担的作用，所以推行保险经纪人制度也是推广指数保险的一个可行方案。除此之外，Cole 等（2013）研究发现，信托的存在也可以解决一大部分由于不了解保险产品、不信任保险公司而产生的需求不足问题。

保险属于风险管理的一种方式，因此在农业风险管理中其他风险管理方式的选择也会对农业保险需求产生影响。对于小农来说，非正式风险分散方式是传统采用的方式，因此非正式风险分担，在一定程度上会抑制农民对气象指数保险的需求。虽然缺乏专业的金融保险知识，但几千年的农业生产经验积累了多种多样的农业风险管理方法，如移徙、多样化经营或非正式风险分担等（Jensen，Barrett，2017）。大部分国家存在非正式风险分担，会对指数保险需求起到抑制作用，如 Binswanger-Mkhize（2012）对印度半干旱地区保险需求进行研究发现，当地的富裕农户会运用非正式的方式管理风险；相比之下，该地区贫穷农户对于气象指数保险的需求更大；Binswanger-Mkhize（2012）还发现，在东南亚的高速发展国家中，富有的家庭通过财富的积累进行自我保险，所以在这些地区中富有家庭对于指数保险的需求量比较小。

气象指数保险在运行中会产生基差风险，基差风险是一种在保险赔付过程中的误差，可能会出现该赔偿的没有被赔偿，不该赔偿的却赔偿了的情况。而这种误差的出现可能会影响到农户对气象指数保险的需求。很多学者在这方面进行了探索，如 Huo 等（2017）的研究得出，基差风险中的系统性风险过大将抑制农户对气象指数保险的需求；Dercon 等（2014）、Mobarak（2012、2013a、2013b）也证实了 Clarke（2011）研究得出的基差风险对于指数保险的需求具有重要影响的结论。

（二）保险公司

在气象指数保险推广中，其设计的合理性对于气象指数保险的适用性和农户的接受程度有较大影响，因此在研究初期，学者更加关注保险产品设计，包括保险产品费率厘定、理赔条件认定等。随着气象指数保险的推广实施，在很多地方发现农户对其需求较小，很多研究从保险公司的角度来寻找原因及促进需求的措施。下面将从气象指数保险中保险公司的视角来对现有研究进行回顾总结，主要对各气象指数保险的产品设计以及如何促进气象指数保险需求措施进行综述。

保险产品费率厘定是保险合同设计和险种开发的关键环节，也是保险公司与农户关心的重点。有关气象指数保险产品费率的测算，学者运用的方法逐渐增多，例如罗挺（2019）利用经验费率法对杨梅气象指数保险的保险费率进行厘定；张腾等（2017）利用单产分布模型参数估计法针对江苏省冬小麦降雨指数保险进行净费率的厘定；聂荣、宋妍（2018）利用期望损失法厘定了辽宁省玉米干旱指数保险费率；王春乙、张亚杰等（2016）基于极值理论构建产量风险分布模型，厘定了海南省芒果寒害气象指数纯保险费率。曲思邈等（2018）利用基于 Weibull

分布模型的参数化产量风险分析方法厘定吉林省玉米纯保费率；孙擎等（2014）利用 Weibull 分布模型针对早稻确定了高温逼熟气象灾害指数保险费率；陈雅子、申双和（2016）利用 Copula 函数针对水稻设计了高温热害保险费率。刘亚静、周稳海（2013）利用面板数据模型针对玉米设计研究了气象指数保险。

在设计理赔触发条件时，学者根据地区环境和农作物生长要求的差异以不同气象要素（如气温、降水、风速等）与农作物产量高度相关的替代性指标为触发、理赔依据进行了气象指数保险的设计（张峭等，2018）。本部分将从理赔条件种类分析，总结现有学者对气象指数保险的理赔触发条件进行的研究。从理赔条件种类看，根据不同气象要素可分为气温、降水与其他。①气温。史学凡、张晶晶等（2019）针对北仑花木高温气象指数保险进行了探讨与优化；陈雅子、申双和（2016）针对水稻研究设计了高温热害气象指数保险；周军伟（2014）针对山东省栖霞市苹果低温冻害气象指数保险产品进行了设计研究。②降水。范生晔、范婷婷（2019）针对吉林省西部玉米干旱气象指数保险进行了研究；杨太明等（2016）针对夏玉米探讨了干旱保险产品的设计与定价；Muneepeerakul 等（2017）针对降水量及频率设计了降水指数保险；熊旻、庞爱红（2016）针对早稻设计了暴雨指数保险产品。③其他。王建（2014）基于风力指数保险对气象指数型水产养殖保险进行了研究；李亚琦等（2016）设计了以达到规定风速为保险责任的海水养殖风力指数保险；牛浩、陈盛伟（2015b）选取 1984~2013 年山东省宁阳县的相关数据，设计了玉米风雨倒伏气象指数保险产品。

气象指数保险在我国发展起步较晚，且主要研究集中在产品设计方面，2009 年，安徽省国元农业保险股份有限公司在安徽省长丰县率先进行试点之后，我国的气象指数保险进入发展和研究的新阶段。但在发展中也存在着不足，如：气象指数保险产品单一；易发生基差风险（高蓉蓉，2014）；保险公司开展动力不足，产品有效供给低，气象指数保险产品设计技术要求高，推广过程中需要大量人力和物力（牛浩、陈盛伟，2015a）。为使保险公司刺激气象指数保险需求，使气象指数保险能够顺利持续发展，学者针对以下三个方面进行了研究。

首先，对气象指数保险进行金融产品的创新。Brockett 等（2005）将气象指数保险和期货相结合；Tadesse 等（2015）将气象指数保险和信贷联系在一起。Skees 等（2008）描述了指数风险转移产品 IBRTPs（一种和金融产品相结合的产品）为低收入国家带来的益处；Turvey（2001）对基于气象指数保险设计的看涨期权和看跌期权进行讨论，并对其数值进行评估；而 Deng、Vedenov、Barnett（2007）以及 Karuaihe 等（2006）基于几个天气指标的线性组合分析天气衍生品和保险产品的效率。部分学者研究表明，将气象指数保险与金融产品结合能够促进保险的推广，使农户们更愿意购买保险。

其次，保险公司与其他主体合作。当农业风险发生时，农户遭受严重损失，从而使农业保险的经营缺乏牢固的大数法则基础，如由单个保险公司来承担相应的赔偿势必会造成严重的后果（林毓铭、林博，2014）。而使保险公司与其他主体如政府、非正式组织等合作，既可以提高农户对于保险的信任度，使气象指数保险能够快速地推广，又可以降低保险公司由于单次灾害过大的赔偿破产风险。政府干预气象指数保险市场主要表现在纠正了市场失灵、追求社会公平、增进市场福利等（郑军、姜风雷，2017）。同时政府给予相应的补贴对于气象指数保险的参与率有很大的提升。McIntosh 等（2013）和 Cai 等（2014）发现补贴数额无论多少，都能刺激气象指数保险的需求。Greatrex 等（2015）、Benfield（2013）、Singh（2010）的研究表明，印度指数保险计划的发展以及市场需求的产生，大部分归因于 75% 的高额保费补贴。另外，将气象指数保险销售给非正式组织也可使气象指数保险的参与率提高。Mobarak、Rosenzweig（2013a）发现将保险出售给群体会有效缓解基差风险对需求的消极影响。Hill 等（2013）认为，向团体而不是个人营销可能有很多优势，它不仅降低了销售成本，而且在保险被提供时增加了团队对保险的信任，且当它与群体内部非正式风险结合时，可以允许个人管理群体内部的小级别风险，并使群体购买保险以投保更大或更多的协变量风险（Clarke，Dercon，2009；Dercon，et al，2014）。

最后，保险公司需要加大对相关产品的宣传力度，以及对农户风险管理意识与理财知识观念的培养。Cole（2013）对印度的研究，Giné、

Yang（2009）对马拉维的研究以及 Cai 等（2014）对中国的研究，都证明了家庭理财知识对气象指数保险的需求具有重要影响作用，加强相关理财知识的普及会相应加大气象指数保险的需求。中国农户购买保险的积极性弱，很大程度是因为农户普遍受教育程度低、金融知识覆盖面窄，关于风险管理的意识差，保险公司在这其中可以肩负起宣传的责任，这对于气象指数保险的需求增加有重要的作用。

（三）政府

目前在我国，大多数气象指数保险主要处于试点实行阶段，大部分气象指数保险还没有得到政府的相关补贴。一方面，在气象指数保险运行困难的情况下，一些学者认为政府应该对气象指数保险的运行进行补贴，如 Cai 等（2014）认为政府应该对农户进行补贴从而鼓励农户参保气象指数保险；宋博、穆月英等（2014）建议政府将保费补贴至农户可以接受的水平，以提升指数保险需求量；Kelkar（2006）通过对印度指数保险经营状况进行分析得出，政府对于保费的补贴在降低保险价格的同时帮助农户节约了大部分成本，提高了农民的参保积极性。针对贫困地区，魏华林、吴韧强（2010）认为，对于贫困县集中的个别特殊省份，我国政府应该采取更有针对性的指数保险补贴政策；王振军（2014）认为，对于贫困县集中的省份应加大中央和省级财政补贴力度，取消县区农业保险保费补贴。另一方面，由于气象指数保险开发成本高，产品设计、费率厘定难度大，政府参与到保险开发环节对保险公司的产品设计进行帮助和监督，对于推进我国指数保险的普及是至关重要的；而且从保险公司的角度来说，与政府合作也是其扩大业务的一条捷径。Carter 等（2014）研究认为，政府可以通过建立一套基差风险公共认证标准，设定保险合同的基差风险上限来逐步解决气象指数保险发展面临的基差风险问题；Freudenreich 等（2018）表示政府可以通过划分风险覆盖范围的方式，对不同级别的保险进行分级补贴。但同时也有一些学者认为政府不应该过多地干预气象指数保险的需求市场，这样反而能确保气象指数保险市场的健康发展（Hess et al.，2005）。所以政府部门的补贴力度怎样确定？政策如何制定才能刺激气象指数保险有效需求的增加？还需要根据不同地区的具体情况进一步研究和探索。

三、农业保险政策目标研究

作为一种有效分散风险及损失的机制，农业保险一直是许多发达国家采取的主要风险管理工具之一。而作为世界贸易组织框架允许的可以为农户提供财政支持和收入补贴的一项"绿箱政策"，农业保险在许多国家还充当了向农民进行收入转移支付的政策工具。可以看出农业保险具有基本的风险管理和收入支持双重功能。

由于农业保险在我国属于一种政策性保险，而在实施农业保险政策时需要明晰其目标定位，这直接关系到农业保险的发展方向与方式，因此对于农业保险目标定位的讨论是十分重要的。在农业保险实际推广实施的过程中，针对风险管理和收入支持这两个目标的选择，不同学者的观点不尽相同，下面将综述国内外相关的观点。

MAFF（2001）将农业风险管理策略分为两类，即"多元化经营"策略和"风险分担"策略，其中"风险分担"策略包括要素合约、市场合约、农业保险、财务杠杆、外部资产融资五个方面（徐雪高、沈杰、靳兴初，2008），可以看出农业保险是农业风险管理策略当中的一种手段和方法，实行农业保险有助于实现农业风险管理（孙良媛、张岳恒，2001）。因此在农业保险发展研究中许多学者认为，农业保险最为主要的目标和作用就是进行风险管理。巴曙松（2013）和 Barnett、Mahul（2007）认为，实行农业保险最基本也是最本质的政策目标应该是进行风险管理。Hart、Babcock（2001）运用美国相关数据进行实证分析，结果表明，对农民来说农业保险是最好的风险管理手段。黄英君（2009b）认为，保险最本质、最基本的功能就是分散风险，农业保险也不例外，因此其目标定位应该为风险管理，如果把农业保险作为资助和扶持农业的手段就会扭曲农业保险的功能，不利于农业保险健康发展；同时他认为我国财政能力有限，不可能拿出巨资来资助农业保险的发展。还有些学者认为农业保险不利于收入支持作用的发挥，Goodwin、Vandeveer、Deal（2004）研究认为，高额的农业保险补贴将会扭曲农户种植选择，诱使农户更多地种植有补贴的农作物，使相关农产品的市场价格降低，从而抵消了来自农业保险补贴的收入福利，最终结果是减弱了农业保险作为一种收入支持政策的效果。Barnett、Mahul（2007）分析认为，由于农户的风险管理能力较弱以及期货期权市场的欠发达，作为农业保险的气象指数保险在发展中国家更多地发挥着风险管理的作用。

　　另一些学者认为，农业保险的主要目的是对农民的收入进行支持。政府的收入支持一方面表现为农民收入增长，另一方面表现为农民收入稳定。从一些实证研究中可以直观地看出一些国家政府对于选择收入支持目标的偏向，Goodwin（2001）根据美国农业保险的数据测算，在1988~1999年，农民平均支付 1 美元的保费，可以得到 1.88 美元的赔偿，从而认为农业保险是政府对原农业部门进行转移支付的一个重要工具。而另一些学者的研究恰好验证了 Goodwin 的结论，他们发现农民参与农业保险项目的原因中，风险观避仅仅是一个很小的因素，更主要的是为了得到政府可观的补贴所产生的预期收益（Just，Calvin，Quiggin，1999；Glauber，Collins，Barry，2002）。相对于其他行业，收入低、收入不稳定是农业生产中普遍存在的问题（Hueth，Furtan，1994），作物保险主要是为了稳定农民收入（Hazell P.B.R.，Pomareda C.，Valdes A.，1986；张囝囡、郭洪渊，2013）。Yamauchi（1986）在分析日本相关案例的基础上，得出农业保险可以稳定农民收入的结论，我国的一些学者也同样认为农业保险的发展对于我国农民收入提升起到更加重要的作用，庹国柱（2013a）认为，从长远来看，政策性农业保险制度的建立，特别是政府从财政和税收方面对投保农户给予支持，也是在符合世界贸易组织规则条件下对农业生产的一种补贴或者转移支付，实际上这是增加农民收入的一种方式。夏益国、刘艳华（2014）认为，目前我国需要提升政策性农业保险在农业安全网中的地位和作用，未来农业价格支持和收入支持将主要依靠政策性农业保险。

　　从上述学者的观点来看，首先，认为农业保险最主要的目的是风险管理，其原因在于农业保险属于保险，应该发挥分散风险的本质作用。这种观点实质上忽视了农业保险作为政策性保险的本质，政策性保险与商业保险的最大区别在于政策性，商业保险是通过分散风险的方式实现商业利润的最大化，但是政策性农业保险的目的不是实现利润的最大化，而是促进国家整体利益的最大化，而农户收入稳定增长有利于这一目标的实现，因此支持收入稳定从本质上是农业保险的目标。其次，需要依据不同国家的实际情况做出对农业保险政策目标的判断。我国的农业发展与一些发达国家的农业发展相比，最大的区别在于我国人均耕地面积较小，大部分农户依旧是小规模经营农业，小规模经营的优势在于灵活性强，其风险分散方式多样化（如品种的多样化、非农就业等），这样的结果就是即使采用农业保险分散风险，所起到的作用也将是微小的，其风险管理功能将被大大削弱。另外，从农业风险管理的定义出发，农业风险管理的目的在于减少因风险带来的损失，降低损失成本，减少成本是为了实现农户利润最大化，而利润又是构成农户收入的一部分，其最终实际保障的是农民收入的稳定与增长。从这一角度来看，收入支持才是实行农业保险最终的目的，因而需要将其作为农业保险最为主要的目标。

第三章
研究思路与数据说明

气象指数保险作为农业保险的一种类型，其实现的目标与现行农业保险相同，都是风险管理和收入支持。本书主要的研究目的是探讨气象指数保险是否可以取代问题较多的现行农业保险实现风险管理目标，如果取代效果不好，那气象指数保险是否可以实现收入支持的目标。从文献梳理的相关内容了解到，风险管理主要针对的是不确定事件，而只有当这类不确定事件中存在一种小概率、大损失的风险时，才适合用保险进行风险分散，气象指数保险作为财产保险的一种类型，需要遵循这一基本的可保条件；同时，气象指数保险是一种区域性保险，其保障的风险类型有别于一般保险保障标的物的个体风险，它主要针对并保障的是系统性风险，且需要避免个体风险，因此作为特殊的保险类型，气象指数保险需要符合自身保险设计的可保条件，即系统性风险相对较大。因此，在考察气象指数保险是否可以实现风险管理目标时，需要检验其是否符合相关的可保性条件。

第一节　研究思路

如果气象指数保险不能很好地实现风险管理目标，即不能满足可保条件，介于其可以节约运营成本的优点，可以尝试对其收入支持目标实现进行讨论。收入支持不必与实际受灾的程度挂钩，不涉及农户的成本（提高保费），因而对于降低勘测定损成本有重大意义，从而可以将更多的资金补贴给农户。这样看来，所有的指数保险，无论是气象指数保险、产量指数保险，还是收入指数保险，都可以作为农业保险收入支持的工具。

一、气象指数可保性条件

基于以上整体研究思路，下面将具体讨论如何检验气象指数保险是否满足可保性条件。气象指数保险是一类财产性保险，要想顺利开展实施，首先需要具备一般性财产保险的特点，即满足一般性财产保险的可保性条件。除此之外，气象指数保险又具有自身特点，是一类针对系统性风险的保险方式，那么在满足保险基本可保性条件的基础上，还应该满足针对系统性风险的可保性条件。下面将分别对保险基本可保性条件以及针对系统性风险的可保性条件的评判标准进行说明。

（一）保险基本可保性条件

保险是一种具有风险分散功能的金融产品，而其能够起到分散风险功能则需要具备一定的可保性条件，比如风险出现的概率可知且风险事件发生概率小但损失率较大等（郭颂平、赵春梅、高鹏，2014）。而在这些可保性条件中，"小概率、大损失"这一可保条件尤为重要。如果要在我国实行气象指数保险，就首先需要对其要保障的风险进行了解，考察其是否满足保险基本的可保性条件。

农业风险有其自身的特点，通常情况下灾害风险的损失程度与发生概率呈现出如图 3-1 所示的关系，损失程度较低的灾害损失发生概率较高，可能在某一损失区间内发生概率达到最大值，而进一步地随着损失程度的提高其发生概率会逐渐下降，最后无限接近于 0。那么对于损失概率发生比较高而损失程度比较低的区间（见图 3-1 中的 ab 段），气象指数保险是不适宜保障这类风险的，因为不满足保险的基本可保条件。如图 3-1 中的 cd 段，这一阶段的风险发生概率极低，但是通常情况下由于损失程度过大而使保险公司面临巨大的赔偿压力，所以这类风险可能需要政府给予灾害性援助。而位于图 3-1 中的 bc 段，灾害损失发生概率相对较低，同时损失程度也较大，似乎满足保险的基本可保条件。但是如果细致分析会发现，其在作物损失程度方面容易出现问题。从绝对数量来看，"大损失"要求的是损失总价值较高，但农作物单位面积的价值并不高，总价值高低与农户经营规模相关，经营面积越大在单次灾害中损失的总价值会越高，而经营面积的大小需要先结合我国农业发展现状进行具体实证考察，再对气象指数保险的基本可保性进行讨论。从相对量上来看，损失总价值的大小还与农户经营多元化程度（包括多元化种植和多元化就业）相关，农户多元化经营程度越高，相对来说作物损失价值就会越低，因此还需要划分农户经营多元化程度来考察灾害损失的大小。综上所述，为了考察气象指数保险基本的可保条件，首先需要对我国各种作物的减产概率分布有所了解，确保气象指数保险保障的损失区间发生概率较低；其次需要结合目前我国农户生产经营状况（包括经营规模和经营多元化程度）对作物损失大小做出判断。

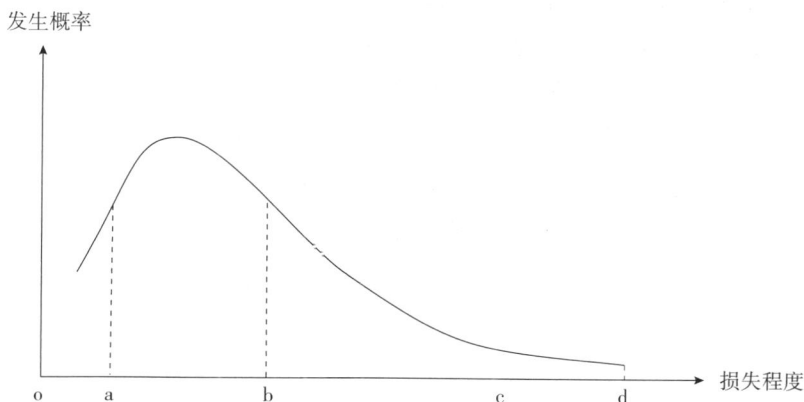

图 3-1　损失发生概率与损失程度的关系

资料来源：根据 Mahul 和 Stutley（2010）的相关研究绘制。

（二）减产系统性的可保性条件

气象指数保险是一种区域性的保险，主要针对区域内系统性风险而设计，空间上作物受灾的系统性越强，其出现误差的概率就会越小，对于气象指数保险来说减产系统性越强越好，个体风险是需要尽量避免的。为了确保气象指数保险能够较好地实现风险管理目标，需要确保我国在某一层级区域范围内作物减产系统性较强，满足作为特殊方式保险的可保性条件。因此本书在第五章对我国作物县域内减产系统性进行测算来验证气象指数保险的可保性。

二、气象指数保险政策目标定位

目前气象指数保险在我国处于试点阶段，现在还没有将其纳入到政策农业保险当中[①]。如果将气象指数保险纳入到政策性保险当中，首先需要明确的就是实施此类保险的政策目标应该是什么。下面将介绍政策性农业保险的政策目标的选取方法。

在介绍政策目标选择之前，需要对政策性农业保险所具有的政策目标进行了解，而政策目标又与农业保险所具备的基本功能相关，因此下文将在了解农业保险基本功能以及与政策目标之间关系的基础上，对政策性农业保险的政策目标选择方法进行阐述。

从理论上来看，农业保险属于财产保险的一种类型，而保险的本质功能是分散风险，因此农业保险在理论上需要发挥的功能是风险管理（黄英君，2009）。在我国农业保险是一种政策性保险，需要政府在政策、资金方面给予大力支持，将一部分财政收入转移到农业当中，增加农户家庭收入以提高其农业生产的积极性，确保我国农业稳定发展（张囯囯、郭洪渊，2013），因而其还需要肩负收入支持的功能。农业保险的政策目标是依据农业保险具有的基本功能来选定的，那么农业保险就有两个政策目标可供选择，即风险管理目标和收入支持目标。

农业保险功能与相关政策导向（政策目标）选择之间存在一定的关系。首先，农业保险的基本功能就是相关政策目标选择扶持的对象，也

[①] 虽然在部分地区政府对气象指数保险进行相关补贴，但从全国层面来看其仍然不属于政策性农业保险。

就是说政策目标是依据农业保险的基本功能来选定的，选择基本功能中的一个或者几个作为政策目标进行扶持；其次，政策目标的选择可以促进农业保险某些功能的实现。从理论上来讲，当农业保险政策选择了某一个功能来进行扶持时，就会制定相应方案来对这个功能进行资金补贴，最终使该功能得以加强。

在现实中农业保险的功能实现与政策目标选择之间可能存在两种情形。第一种情形是两者相一致，比如农业保险的风险管理功能在现实中起到很大作用，如果此时的农业政策目标也是风险管理，那么最终农业保险政策选定的目标功能在相关政策的扶持下就能很好地实现。第二种情形是农业保险的功能实现与政策目标选择之间出现了不匹配，也就是农业保险的政策目标主要针对的某一功能在实践中发挥的作用有限，这时就需要考虑改变政策的目标或者停止政策支持以减少对财政资金的浪费。农业保险的功能实现与政策目标选择出现不匹配的原因主要可以分为两方面：一方面，农业保险某一功能从理论上来看发挥的作用本来就小，政策却依然将这一功能作为目标进行扶持，但实践证明政策实施的效果较差；另一方面，虽然理论上农业保险某一功能可以发挥的作用应该较大，但是政策没将这一功能作为主要的目标进行扶持，这样也会导致农业保险的功能实现与政策目标选择出现不匹配。

上文已经对农业保险的功能与政策目标关系做了分析，在此基础上需要进一步探讨如何选择合适的农业保险政策目标。整体来看，在政策目标选择时需要考虑以下两方面因素：①功能实现因素；②政策实现因素（见图3-2）。具体地，农业保险的目标应该是从农业保险所具备的几个功能中选定，而选定功能的第一个条件是在农业保险的实施过程中，该种功能可以很好地发挥，否则即使有政策支持其实行效果也较差；第二个条件是全国大部分的农户要对政策选定的目标功能有实际需求，对没有需求的功能进行扶持实质上是对社会资源的一种浪费，并且选定的政策目标还应该是政府采取一定政策措施手段能够实现的，即实施难度较小。通过以上两个实现条件的筛选，最终选择出合适的政策目标，可以使农业保险功能得以充分发挥，达到完善农业保险制度的目的。

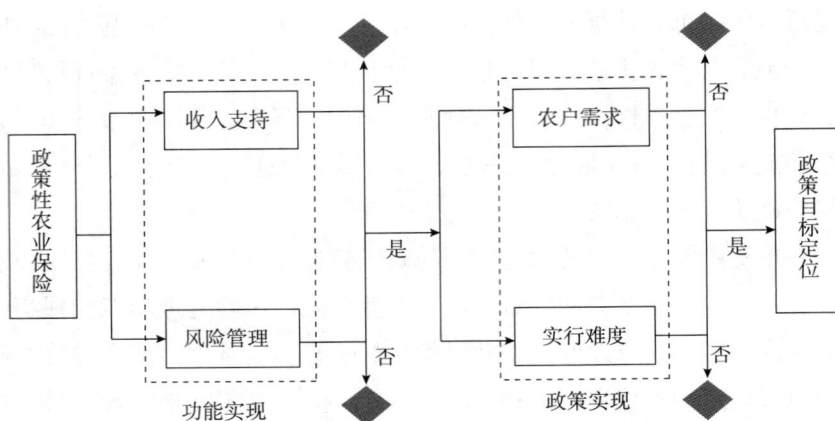

图 3-2　农业保险政策目标选择过程

气象指数保险如果要作为一种政策性农业保险来予以实施，就需要按照上述方法来选择政策目标，进而更好地发挥相关功能，促进我国农业发展。

第二节　数据说明

一、资料来源

种植业是农业的主要组成部分之一，在农业中具有重要的地位，基于此，本书主要分析种植业政策保险。同时由于经济作物品种繁多，难以统一，加之作物产量数据获取较难，因而本书提到的种植业主要是指粮食作物（小麦、玉米、稻谷、大豆4种作物）。

本书所用的数据一部分来源于历年的《中国统计年鉴》《中国农村统计年鉴》《中国保险年鉴》等。由于本书采用农户微观数据对我国种植业风险进行测算，因此另一部分数据主要来源于原农业部全国农村固定观察点，选取 2004~2011 年全国 31 个省、自治区、直辖市固定观察点观测的相关农户有关 4 种粮食作物总产量和播种面积的数据进行分析。在本书中利用这两部分数据具有一定的优势，主要体现在：这两部分数据均为农村基础普查性质的调研数据，并非针对农业保险的调研，其目的性并不强，因而获取到的农作物产量数据相对真实；避免了农业保险专项调查中样本选择内生性问题以及在具体调查中农户为了个人目的而导致调查的农作物产量数据失真。

二、样本特征

为了对样本有所了解，下面将介绍本书采用数据的特征。首先，由于文中相关测算需要对单个农户种植作物的预期产量进行测算，因此必须保证样本中的农户在 2004~2011 年为连续跟踪调查户。通过对农户的筛选，最终选出种植各种作物连续跟踪调查大于等于 5 年的农户，如表 3-1 所示。在粮食作物中，种植小麦的连续跟踪户总计 42455 户，其中连续跟踪 8 年的农户占比最多，达 74.88%；种植玉米的连续跟踪户总计 68249 户，其中连续跟踪 8 年的农户占比达 71.23%；种植稻谷的连续跟踪户总计 52343 户，其中连续跟踪 8 年的农户占比达 65.2%；种植大豆的连续跟踪户相对较少，总计有 25784 户，其中连续跟踪 8 年的农户最多，占比为 76.23%。从以上各种粮食作物统计来看，连续跟踪户达到 8 年的是样本主体。

表 3-1　2004~2011 年种植粮食作物的农户连续样本数量

连续跟踪调查年数	小麦		玉米		稻谷		大豆	
	数量（户）	占比（%）	数量（户）	占比（%）	数量（户）	占比（%）	数量（户）	占比（%）
5 年	2530	5.96	4625	6.78	4190	8.00	1270	4.93
6 年	2190	5.16	4536	6.65	4344	8.30	1764	6.84
7 年	5943	14.00	10472	15.34	9681	18.50	3094	12.00
8 年	31792	74.88	48516	71.23	34128	65.20	19656	76.23

续表

连续跟踪调查年数	小麦		玉米		稻谷		大豆	
	数量（户）	占比（%）	数量（户）	占比（%）	数量（户）	占比（%）	数量（户）	占比（%）
总计	42455	100.00	68249	100.00	52343	100.00	25784	100.00

注：表中不同作物农户数量表示连续跟踪调查年数对应的农户总数，同一追踪农户被计入的次数等于跟踪调查年数。

资料来源：根据原农业部全国农村固定观察点产量数据整理计算得到。

其次，介绍本书采用数据的样本特征。从全国范围来看，本书所用样本中种植小麦的农户户均播种面积为 3.95 亩，玉米的户均播种面积为 5.57 亩，稻谷的户均播种面积为 4.66 亩；由于大豆种植相对集中，主要分布在东北地区尤其是黑龙江省，而黑龙江省户均耕地面积较大，如果将黑龙江省纳入样本中，全国大豆户均播种面积达到 8.5 亩，而不将黑龙江省计入，则全国大豆户均播种面积为 2.09 亩，如表 3-2 所示。由于地理环境等因素，我国各个省份种植的作物品种以及种植品种的面积均存在较大差异，有些作物品种在某些省份种植得非常少，甚至不种植。在小麦种植户中，北京市、辽宁省、吉林省、福建省、江西省、广东省均没有相关样本；在玉米种植户中，青海省没有相关样本；在稻谷种植户中，西藏自治区、甘肃省、青海省没有相关样本；在大豆种植户中，天津市、西藏自治区没有相关样本。这些没有样本的省份在下文中将不被分析讨论；另外在有些省份中某些作物调查的农户非常少，如北京市的稻谷种植、河北省的稻谷种植，这些样本在下文中也不会被分析讨论。各省、自治区和直辖市 4 种粮食作物的户均播种面积如表 3-2 所示。

表 3-2　2004~2011 年全国及各省份种植户对 4 种粮食作物的户均播种面积情况

单位：亩

省份	小麦	玉米	稻谷	大豆
全国	3.95	5.57	4.66	8.5/2.09*
北京市	—	7.14	—	—
天津市	3.79	10.78	10.41	—

续表

省份	小麦	玉米	稻谷	大豆
河北省	4.52	4.03	—	1.60
山西省	2.87	5.19	—	4.04
内蒙古自治区	4.68	7.98	—	—
辽宁省	—	6.83	5.79	2.53
吉林省	—	15.96	7.80	6.32
黑龙江省	—	18.84	14.68	50.79
上海市	3.92	—	3.31	1.22
江苏省	3.47	1.07	3.34	0.89
浙江省	—	0.49	1.92	0.54
安徽省	5.80	2.23	5.66	2.84
福建省	—	1.44	3.90	0.54
江西省	—	—	8.91	0.26
山东省	3.75	3.52	2.81	2.03
河南省	3.86	2.96	2.60	1.62
湖北省	2.73	2.07	3.43	0.69
湖南省	—	0.65	5.69	0.24
广东省	—	—	2.86	0.67
广西壮族自治区	—	4.01	5.71	1.77
海南省	—	1.66	5.05	1.28
四川省	1.58	1.43	2.03	0.77
贵州省	2.40	1.67	2.36	0.83
云南省	2.89	2.85	3.47	0.66
西藏自治区	10.16	—	—	—
重庆市	0.56	1.10	1.98	0.49
陕西省	4.13	3.67	1.97	2.19
甘肃省	5.14	2.79	—	5.50
青海省	4.11	—	—	1.78
宁夏回族自治区	4.29	4.79	4.17	—
新疆维吾尔自治区	6.00	4.81	—	5.79

注：带"*"的数据分别表示样本中包含黑龙江省的户均播种面积和不包含黑龙江省的户均播种面积。"—"代表缺失样本统计。

资料来源：根据原农业部全国农村固定观察点产量数据整理计算得到。

最后，为了说明本书所采用数据的代表性问题，将样本中农户对4种粮食作物播种面积占总播种面积比重与该时间段《中国统计年鉴》的相关数据进行对比，如表3-3所示。通过对比发现可能存在以下几种情况：第一，在统计年鉴和本书所采用的样本中均没有某种作物占比，或者是样本中有但统计年鉴上没有，均代表该省份基本不种植该种作物，如青海省的稻谷、大豆等，本书也不对这些省份中的该种作物做分析；第二，在统计年鉴中某种作物播种面积在总播种面积中有相应的占比，但样本中却没有相关样本，如北京市的小麦、吉林省的小麦等，这部分缺失数据的样本在下文将不会讨论分析；第三，统计年鉴和样本中作物播种面积占总播种面积比重相接近，如山东省的玉米、广东省的稻谷等，这部分样本就很有代表性；第四，统计年鉴与样本中作物播种面积占总播种面积比重相差较大，如上海市的小麦、陕西省的稻谷、河北省的稻谷等，其中统计年鉴中比重较小的在下文中将不做计算分析。

表3-3　全国及各省份4种粮食作物播种面积占总播种面积比重

单位：%

省份	小麦		玉米		稻谷		大豆	
	统计年鉴	样本	统计年鉴	样本	统计年鉴	样本	统计年鉴	样本
全国	15.03	32.49	18.91	33.26	18.67	42.05	5.75	23.93/14.35
北京市	17.72	—	43.20	92.27	0.17	8.78	3.00	14.83
天津市	22.37	17.56	33.82	58.94	3.24	37.45	3.45	—
河北省	27.36	34.35	32.70	23.32	0.97	53.23	2.25	13.75
山西省	18.91	24.11	36.66	49.64	0.04	10.99	5.58	34.86
内蒙古自治区	7.58	21.98	32.51	46.59	1.40	21.47	11.76	4.76
辽宁省	0.30	—	50.94	48.40	16.01	32.66	4.07	17.43
吉林省	0.11	—	57.91	61.76	13.03	32.01	8.24	28.45
黑龙江省	2.40	20.75	31.94	45.50	18.19	28.25	32.70	74.42
上海市	10.41	40.24	1.02	10.61	27.49	57.07	1.26	17.86
江苏省	25.79	33.10	5.20	8.58	29.30	33.12	2.94	7.24
浙江省	2.31	80.00	1.34	12.73	37.51	46.67	2.73	13.16

省份	小麦		玉米		稻谷		大豆	
	统计年鉴	样本	统计年鉴	样本	统计年鉴	样本	统计年鉴	样本
安徽省	25.32	34.01	7.83	18.61	24.46	49.65	10.40	24.93
福建省	0.19	—	1.65	18.84	38.76	41.57	2.78	4.97
江西省	0.23	—	0.32	3.67	60.80	84.39	1.85	1.74
山东省	32.00	29.88	26.29	27.94	1.19	42.59	1.71	18.41
河南省	36.71	39.05	19.65	31.22	4.15	30.46	3.48	15.04
湖北省	12.50	23.07	6.22	18.61	27.32	36.07	2.21	6.54
湖南省	0.44	5.91	3.19	15.36	47.48	58.18	1.35	3.94
广东省	0.05	—	3.22	29.01	43.91	40.87	1.50	6.96
广西壮族自治区	0.09	22.60	9.16	31.68	36.46	49.09	2.25	14.93
海南省	0.00	96.39	2.14	17.74	37.87	48.67	0.45	11.01
四川省	13.18	18.13	13.51	13.14	21.15	22.59	2.25	7.60
贵州省	6.28	28.97	15.76	23.77	14.74	33.55	2.71	11.50
云南省	7.47	22.19	21.28	21.52	16.94	32.41	1.94	3.93
西藏自治区	16.62	77.25	1.58	15.85	0.43	—	0.17	—
重庆市	5.95	8.50	13.37	19.33	21.03	34.79	2.61	7.18
陕西省	27.57	40.96	27.18	33.12	3.05	26.20	5.14	20.35
甘肃省	24.37	32.99	15.36	18.15	0.14	—	2.41	33.74
青海省	19.92	45.54	1.15	—	0.00	—	0.00	20.06
宁夏回族自治区	19.74	38.76	17.18	35.49	6.59	28.71	1.28	13.24
新疆维吾尔自治区	20.13	31.22	13.05	25.98	1.59	8.00	1.69	23.27

注：表中统计年鉴占比为全国或各省份某种作物总播种面积占种植业总播种面积比重，然后求得2004~2011年平均数；样本中的占比是农户某种作物总播种面积占种植业总播种面积比重，然后求得2004~2011年平均数。'—'代表缺失样本统计。

资料来源：根据2004~2011年《中国统计年鉴》以及原农业部全国农村固定观察点数据整理计算得到。

第四章
中国农业保险发展及国际发展趋势

  我国农民具有数千年的农业风险管理经验和传统,《汉书·食货志》在描述先秦时代农业生产时写道:"种谷必杂五种,以备灾害,"充分体现了农民在农业生产决策中的风险意识。而现代意义上的农业保险最早出现在近代时期,发展至今已经有 80 多年历史,其中经历了几次失败和停办,目前依然处于不断探索中,回顾我国在农业保险方面的发展历程和演变过程,有利于进一步明确农业保险发展方向,避免走弯路。在了解我国农业保险历史的基础上也需要对目前我国实行的农业保险有清晰、准确的定位,这样才能更好地为下一步发展提供依据。本章首先回顾我国农业保险的演变发展过程,之后将阐述我国农业保险的发展现状以及气象指数保险在国内外的发展状况,总结相关经验教训,展望未来发展方向,为之后研究提供背景资料。

  从世界范围来看,很多国家很早之前就开始了农业保险的探索,如美国、加拿大、日本等,这些国家的农业保险发展也各具特点,保险形式也各不相同。同时,这些发达国家在农业保险方面的发展要快于我国,不论是保险险种还是保险方式,都有很多地方值得我国借鉴,最为重要的是,近年来这些发达国家在农业保险方面的发展方向也值得我国借鉴。因此,在本章中也将着重分析目前国际上发达国家在农业保险方面所采取的一些政策措施,进而推测其发展的方向。

第一节　中国农业保险演变过程及发展现状

一、我国农业保险演变过程

（一）农业保险发展阶段

　　我国农业保险发展最早可以追溯到 20 世纪 30 年代，当时一些地区成立了保险合作社，主要是以互助合作保险的形式对耕牛、猪等家畜进行保险（最早的是金陵大学农学院、上海银行与安徽和县乌江镇实验区配合推行的耕牛互助合作保险）。但是由于当时经济状况薄弱，加之社会动荡，这部分兴起的农村保险合作社在 20 世纪 40 年代陆续解散（庹国柱、李军，2005）。在 1944 年成立了中国农业特种保险股份有限公司（后改名为中国农业保险有限公司），而该公司的主要经营业务并非农业保险，仅在小范围内试行了牲畜保险，影响非常有限。同时期商业保险机构在小范围内试行了盐厂、糖厂役牛的商业保险（黄英君，2011），但是很快就停办了。最终不论是农村合作组织、政府成立的公司还是商业机构都没有将牲畜保险持续发展下去。总体来看，在中华人民共和国成立前农业保险的尝试大多是由农民自发建立合作社进行互助自保，没有国家的补助支持。农业保险仅停留在尝试阶段，在发展过程中由于参保农户数太少，没有稳定的保费来源，最终导致尝试失败。这一时期农业保险主要保险的对象是牛、猪等家畜，并没有针对农作物的保险。同时值得注意的是，这一时期在农村保险合作社中会评定保险金额、保险费率，并且保险合作社还会向县社或县保险经理处进行再保险（庹国柱、李军，2005），已经出现现代意义上的农业保险雏形，这为之后种植业保险的实行奠定了基础。

　　本书主要关注的是种植业保险，而种植业保险基本上是在中华人民共和国成立以后才开始逐渐试行的，因此可以将我国农业保险发展演变的过程归纳总结为以下三个发展时期。

第一个时期，政府主导推行农业保险时期（1949~1958年）。1949年中华人民共和国成立后百业待兴，为了促进农业生产发展，国家采取了许多保障农业生产安全的措施，而农业保险就是诸多措施中的一项。同年中国人民保险公司成立，其基本任务是：保障生产，促进物资交流，保护国家财产并提高劳动人民福利（中国社会科学院、中央档案馆，1996；罗艳，2008）。此后，我国农业保险开始进入正规、全面的发展。1951年，我国在全面开展牲畜保险的同时，也开始试办农作物保险，主要以经济作物为主，如棉花。在1951~1952年共有36个地区尝试举办了棉花保险，其他经济作物还包括甘蔗、葡萄、烟草等，与此同时也出现了粮食作物的险种，如小麦、水稻。虽然2年时间内农业保险在我国取得了显著发展，但是也出现了大量问题。之所以发展得如此之快并不是由于农民对生产中风险管理的需求，而是我国政府采用行政手段推广的结果。政府过多干预农业保险的推广实施，实质在某种程度上使农业保险成为一种农业的强制保险。由于在农业保险推广实施过程中求快、求广，忽视农业保险发展的客观规律，保险的风险控制工作不到位，将一些不符合承保的对象纳入了保险当中，所以这段时间的农业保险发展是不可持续的。1953年3月中国人民保险公司制定了《总公司关于农村保险业务结束工作的具体布置的指示》（中国社会科学院、中央档案馆，1996；罗艳，2008），该指示中明确提出在全国范围内开始停止农业保险业务，在同年年底全国基本停止相关业务。虽然在1954年国家决定恢复举办农业保险，但发展也是举步艰难。1958年中国人民保险公司会议决定重点试办农作物保险，但是由于各种因素，保险公司无法确定承保产量，农作物保险业无法继续（孙善功、李嘉晓、陈盛伟，2009），试办了几个月也就停止了。最终全国所有农业保险业务于1958年10月终止了。我国农业保险自此到改革开放前一直处于停办状态，基本没有发展。

纵观这段时期，我国政府始终主导着农业保险的发展，这也是农业保险可以在全国迅速推广的主要原因。种植业保险在这一时期也得到了重点试行，但是由于社会、政治环境使试行结果不尽如人意，最终停办，但这些都为之后恢复发展种植业保险奠定了基础。同时还可以发现这一时期虽然国家各级机关在推行过程中发挥了很大作用，但是没有在经济方面对农业保险进行补贴资助，这可能也是保险公司不能维持农业保险运营的原因之一。

第二个时期，商业性农业保险发展时期（1982~2003年）。改革开放以后，家庭联产承包责任制在农村地区普遍落实，这一制度的实施使之前由集体进行农业生产经营转为个体承包生产经营，而生产以及市场的风险也相应由农户自己承担，面对这一状况农业保险再次被提上工作日程。1982年初国务院批准了相关部门的报告，开始恢复办理农业保险，至此在我国中断23年的农业保险重新得以恢复。这也意味着中国农村保障体系逐渐由国家救济转向农业保险（黄英君，2009a）。在初期阶段农业保险仍然是由中国人民保险公司代表政府经营，但经营过程中将农业保险纳入到了商业保险当中，有别于之前计划经济时采用行政强制措施推广。

从这一时期农业保险的保障水平来看，由于各方面条件的限制，当时农业保险实行的方针是"低保额、低保费、低赔付"，虽然农作物在生长期内的保险及多种险具有非常重要的意义，但是保险公司出于对风险的考虑，实际当中很少保农作物多种。同时，农作物保障水平只有平均单产的50%~60%或者物质成本（庹国柱，1996）。可见这一时期农业保险对农业生产的保障水平相对较低。

在目前我国商业保险的管理运营状态下，农业保险业务的盈亏临界点大约为69%的净赔付率（庹国柱、李军，2005），如果净赔付率低于69%则意味着保险公司处于亏损状态。1982~2003年农业保险的平均净赔付率高达92.67%，远远高于盈亏临界点，而且在这期间仅有3年（1996年、1997年、2000年）是微有盈利，其余19年全部亏损，如图4-1所示，最高净赔付率运到136.3%。在这一时期虽然中国人民保险公司作为国有企业承担着这项政策性业务，但是政府也没有对农业保险的直接政策性补贴，在这种情况下，为了维持农业保险稳定开展，公司对其进行内部单独核算，并给予一定补贴，即用其他险种盈利部分来补贴农业保险（类似于"以险养险"）。如果将开办农业保险作为一个市场行为，随着保险公司商业化的加强，居高不下的赔付率必将导致农业保险规模的不断萎缩。从实践中也可以看出，虽然在农业保险恢复初期规模迅速扩大，但是由于连年的亏损使中国人民保险公司不堪重负，逐渐减少相关业务，直到 2003 年农业保险连续多年保费收入呈现下降趋势，处于不断萎缩状态。下面具体分析 1982~2003 年这一时间段农业保险保费收入变化情况及其变化原因。

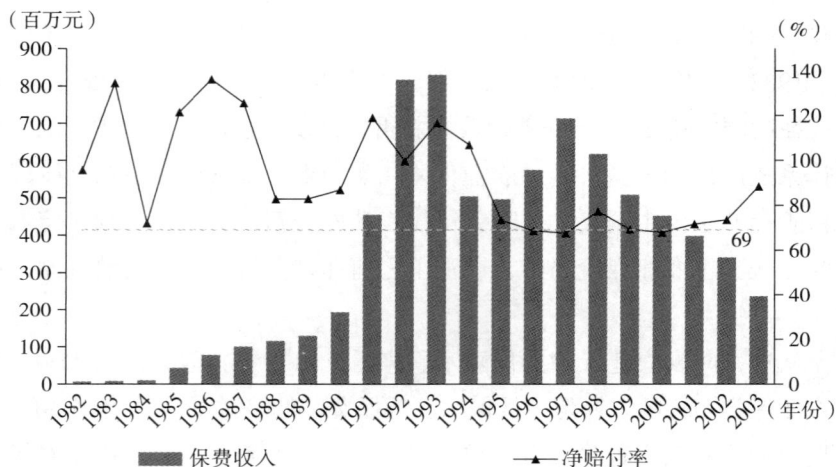

图 4-1　1982~2003 年农业保险收入及净赔付率

资料来源：《中国保险史》(中国保险史编审委员会，1998)，《农业保险》(庹国柱、李军，2005)。

1982~1990 年农业保险经历了平稳的快速增长，其年均增长率为132.92%。这一时期农业保险得以高速发展与起步阶段在全国范围内试验、恢复农业保险有关，随着农业保险在全国范围内的试点实行，保险险种逐渐增加，服务领域不断扩大，当时农业保险的险种超过 100 个，其中包括粮食作物 (如玉米、小麦、水稻)、经济作物 (如棉花、烟叶、甘蔗、亚麻、西瓜等) 以及牲畜、水产等险种。这一时期虽然政府没有对农业保险进行直接补贴，但是在政策导向方面予以大力支持，政府发布多项重要的政策性文件，在政策层面积极鼓励和支持农业保险的发展，还有评选 "保险先进县" 活动 (庹国柱，2013b)，这对农业保险的开展也具有很大的引导作用。同时财政部于 1984 年发布相关通知，宣布免除种植业、养殖业等保险的工商税，这对于农业保险减少成本起到一定作用，也在某种程度上促进了农业保险在我国的快速发展。

1990~1993 年，我国农业保险在保费收入体量上实现跨越式增长，从 1990 年的 1.92 亿元跨越到 1991 年的 4.55 亿元，规模增长了一倍多，之后到 1992 年又增长了近一倍，达到了 8.17 亿元，最终在 1993 年达到这一时期最高值 8.20 亿元。这 3 年的跨越式发展与响应国家政策相关，在 1991 年中共一三届八中全会上做出积极发展农村保险事业的相关决定，鼓励各级政府支持建立多层次、相互联系的农村专项保险基金[①]。在这一决定的引导下，中国人民保险公司和许多政府部门开始认真落实和实施，这样农业保险从中国人民保险公司独自试办转变为各级政府部门协办或共同试办，保险公司与地方政府尝试多种模式，主要模式包括保险公司为地方政府代办、建立农村统筹保险互助会、实行系统内自保（如新疆生产建设兵团）、风险互助式保险等（庹国柱、李军，2005）。因此在 3 年时间内，农业保险的试行在全国迅速展开，保费收入实现倍增。

从 1993 年以后农业保险收入进入了徘徊萎缩的阶段。1994 年农业保险收入急速下降，基本又回到了 1991 年的水平，虽然在 1997 年前农业保险收入有所增长，但是 1997 年后直到 2003 年保费收入呈现出下降的趋势，逐步萎缩。1994 年之所以出现由增到减的转折，一个很重要的原因在于中国人民保险公司全面商业化转轨，在这一年我国财政部对中国人民保险公司取消了按 30% 计提费用的规定开始实行新的财务核算制度，这一公司制改革使之前在中国人民保险公司内部助推农业保险的机制被迫停止，直接影响了农业保险相关业务的开展。1996 年中国人民保险公司组建为中国人民保险集团公司，农业保险由集团公司的财产保险公司经营，财产保险公司为了提高农业保险的质量和效益，逐渐停办了一些长期处于亏损状态的农业保险，这对于农业保险规模影响比较大。因此可以看出，除去农业保险市场中存在的需求问题外，在 2004 年前政

---

① 资料来源：中共中央关于进一步加强农业和农村工作的决定 [N]。人民日报，1991-12-26。

府的相关支持不断减少以及农业保险的商业化加强而引起的供给减少也是导致农业保险逐步萎缩的重要原因。

总体来看，在 1982~2003 年我国农业保险经历了从开始恢复兴办到稳步快速增长，再到跨越式倍增，之后由发展高峰逐渐减少萎缩的过程。这其中虽然将农业保险定性为商业保险，但是政府相关政策对于保险的开展具有很大的影响，政策影响着农业保险的供求双方。在农业保险发展的过程中，不论是作为国有企业的中国人民保险公司在内部补贴农业保险以弥补亏损，还是地方政府为完成上级布置的任务指标在农户不情愿的情况下大力推行农业保险，都是不符合市场规律的行为，这些行为都不会持久。因此随着开办农业保险热情的退却，市场化改革的深入，农业保险市场呈现出萎缩的状况。同时，中国农业保险通过几十年的实践证明了的结论与世界其他国家农业保险界同行的结论相同，即农业保险走纯商业市场化的路线是行不通的，单纯依靠市场农业保险无法生存。在没有政府政策支持尤其是财政补贴扶持的情况下，农业生产的高风险使保险公司较少提供农业保险产品，农民对农业保险较低的有效需求使完全的农业保险市场难以形成（庹国柱、李军，2003）。

第三个时期，全国政策性农业保险发展时期（2004 年至今）。通过多年的探索与实践，商业性的农业保险似乎在中国也行不通。而农业保险的政策属性被越来越多的人所认可。2002 年新修订的《中华人民共和国农业法》将政策性农业保险的概念纳入其中并予以确认，明确地提出了"国家逐步建立和完善政策性农业保险制度"（庹国柱，2013a）。2003 年中共十六届三中全会明确提出要建立政策性农业保险，自此我国开始在全国试点实施政策性农业保险，这实际上也宣告了商业性农业保险经营的结束。农业保险作为一个支持农业的政策工具，它的实施可以稳固国民经济基础、加强对农业的保护，是国家意志的表现（李军，2002），其实施具有重大意义。随着政府职责的归位，我国农业保险发展进入了新时期的制度创新阶段（黄英君，2009b）。2004 年我国成立了专门经营农业保险的公司，并逐渐在全国一些省份试点实行政策性农业保险。同时国家在政策层面也予以鼓励支持，2004 年至今，国家每年发布的中央"一号文件"都会对农业保险发展做出具体指导意见（具体见附表 2），可以看出国家对于农业保险的重视。在试点过程中也发现一些问题，政府财政提供保费补贴是政策性农业保险的基本特征之一，但是在农业保险确立为政策性保险之后，保费补贴由谁来补、补多少、怎么补却不是很明确，保费补贴政策的选择也是随着实践而逐渐清晰明确的（庹国柱，2013b）。2004 年和 2006 年的中央"一号文件"曾对农业保险补贴提出过指导，其中两个文件分别指出农业保险须由地方政府和龙头企业进行补贴。2007 年中央财政才将农业保费补贴列入了预算当中，开始时选择了 6 个省份的 5 种作物进行中央与地方财政联动保费补贴试点，这被学界认为是具有划时代意义的新起点（庹国柱，2013a）。随着时间的推移，政府对于农业保险补贴的省份不断扩大，到目前为止，中央的财政补贴已经覆盖了 31 个省、自治区和直辖市；同时补贴的品种也在逐渐增多，由之前的 5 个增加到现在的 15 个。在财政补贴的力度方面，近年来各级政府也在不断加大农业保险补贴比例，农户自身所缴保费的比重相对减少。从保险的保障水平来看，目前实行的政策性农业保险大多数是保标的物的多种险而非个别险，对农业生产的保障水平也在不断地提高。近年来，我国农业保险产品创新速度加快，除了一般的农业产量保险外，在全国一些地区出现了如天气指数保险、区域产量保险、价格指数保险、收入保险等保险的新产品，不论是学界还是业界都在不断探索更加符合国情和市场规律的保险产品。

2012 年 10 月 24 日国务院颁布了《农业保险条例》，并于 2013 年 3 月 1 日开始实施，这标志着我国农业保险事业进入了有法可依的新发展阶段。

（二）农业保险演变中的经验和未来趋势

（1）农业保险的属性应定为政策性，这一属性在农业保险发展中逐渐清晰明确。在上述总结的我国农业保险三大发展时期中，其属性经历了政府行政主导性农业保险——商业性农业保险——政策性农业保险的演变过程，最终将农业保险的属性落实到了政策性保险。这一演变过程同样也是我国农业保险在实践中不断总结经验的过程，这一政策性保险定位与国际上其他发达国家农业保险的属性定位相一致。这一定位是实践检验得出的，符合农业保险发展规律和具体国情，我国政府应予以肯定与支持。目前我国正在全国范围内推行政策性农业保险，并在不断地探索保险组织形式和补贴标准。可以推测，在未来农业保险发展中，我国将继续走以政策性保险为主的道路。

（2）政策性农业保险不应成为强制保险，政府对农户参与行为的干预会逐渐弱化。在中华人民共和国成立初期，虽然部分地区的农户对农业保险有一定需求，但不足以形成全国普遍性的市场。当时农业保险的发展和推广主要是依靠政府强有力的行政命令要求农户或集体参与农业保险。这种强制保险在初期实施中可能会取得一定效果，但随着时间的推移农户的反对情绪逐渐增加，同时为了追求推广速度将许多不符合农业保险风险管理要求的农户纳入到保险中，使农业保险的发展出现了许多问题。吸取了行政强制农户参加农业保险所带来的一系列教训后，在将农业保险定性为商业保险时期，行政手段的强制干预逐渐减少，主要以政策引导、地方鼓励为主。到目前政策性农业保险在全国绝大部分地区实行的都是农户自主决策购买。从这一演变过程可以看出，政府对于农户农业生产进行强制性保险是行不通的。在我国市场经济进一步发展的大背景下，政府在政策性农业保险市场中行政干预将逐渐减少，不会再出现强制保险的情况，将参与保险的选择权利交给了农户自己。

（3）作为政策性保险的农业保险需尽可能地保农业生产中的多种险，同时风险保障水平在未来会不断提高。我国农业自然灾害发生频率高、地域分布广、出现类型多、灾害损失大，是世界上遭受自然灾害最严重的国家之一，再加之由温室效应带来的全球气候变化使我国农业自然风险有增强的趋势。我国农业在生产过程中面临着多种自然风险，保单一风险不能完全保障我国农业生产安全。在我国农业保险发展过程中曾经因为巨额亏损，保险公司不愿意保多种，这使农民在农业生产中得到的保障非常低，之后农民更加不愿意参保。目前农业保险属性已经转变为政策性保险，那么为了稳定农业生产，发挥农业的基础性地位，农业保险需要保障农业生产中尽可能多的风险。在未来随着农业保险制度的进一步完善，其风险保障水平会逐步提高，使农业保险成为保障农业生产的重要工具。

（4）中央和地方财政补贴应成为农业保险补贴的主要来源，农业保险补贴在广度与深度上都将有所发展。农业保险作为政策性保险有别于现行商业保险，主要在于政府应当给予政策方面和经济方面的支持，而这种支持在目前主要表现为财政方面的补贴。我国农业保险发展经历过没有政府财政补贴的时期，国有性质的保险公司为了稳定发展农业保险只能在公司内部对农业保险项目进行补贴，而这种补贴随着市场化进程并不会持久。同时在确立农业保险为政策性保险之初，地方政府和龙头企业对农业保险进行补贴，其实行效果也较差。实践经验告诉我们为了稳定农业保险的发展，中央与地方政府应成为农业保险补贴的主体，并根据实际情况按照不同比例予以补贴。随着我国经济的发展以及工业反哺农业发展阶段的到来，政府会进一步加大对农业的支持力度，在农业保险方面的补贴也会进一步加大，其中主要表现在补贴的品种会逐步增多，补贴的水平也会不断提高。

二、我国农业保险发展现状

（一）农业保险行业整体发展状况

我国农业保险在近些年取得了快速的发展，农业保险收入逐年递增，我国的保费收入从 2004 年的 4 亿元增长到了 2017 年的 478.9 亿元，如表 4-1 所示。在实行政策性农业保险以来的十多年里，虽然农业保险赔付率曾出现短暂的下降（2011~2012 年的保险赔付率均已下降到 60% 以下），但近几年赔付率又有所回升，2017 年的赔付率接近 70%。尽管与21 世纪初相比下降了很多，但与我国财产险中的其他险种以及其他发达国家的农业保险赔付率相比，我国农业保险的赔付率仍然较高。同时在农业保险赔付率有所下降时，我们也要清醒地认识到这种下降是以消耗财政补贴为代价的，并不是由于农业保险的风险下降而使赔付率下降，因此必须要考虑财政补贴的效率问题。这部分补贴是否真正起到支持和稳定农业生产的作用？补贴是否存在"漏出"问题？从农业保险收入占财产保险收入比重来看，虽然从 2004 年到 2017 年这一比重总体上呈上升趋势，但是占比依然较低，在 2017 年农业保险收入只占到财产保险收入的 4.87%。对比农业保险深度与全国保险深度发现，尽管农业保险深度呈逐年递增趋势，但远远低于全国保险深度，2017 年的农业保险深度还不到全国保险深度的 1/6，可见农业保险深度依然不够，未来的发展空间较大。

表 4-1　2004~2014 年我国农业保险发展状况

年份	农业保险原保险保费收入（亿元）	农业保险赔付率（%）	农业保险收入占财产保险收入比重（%）	农业保险深度（%）	全国保险深度（%）
2004	4.00	75.00	0.26	0.02	3.15
2005	7.00	85.71	0.55	0.03	2.63
2006	8.00	75.00	0.51	0.03	2.67
2007	53.30	56.29	2.67	0.19	2.92
2008	110.70	57.94	4.74	0.34	3.70
2009	134.00	71.04	4.66	0.39	3.85
2010	135.90	70.63	3.49	0.35	3.52
2011	174.00	47.01	3.77	0.38	3.17
2012	240.60	54.57	4.51	0.47	3.17
2013	306.60	63.58	4.94	0.55	3.28
2014	325.80	63.17	4.32	0.56	3.59
2015	374.9	63.24	4.69	0.62	3.52
2016	417.7	71.63	4.78	0.66	4.20
2017	478.9	69.62	4.87	0.73	4.66

注：农业保险赔付率＝农业保险赔付额/农业保险收入，农业保险深度＝农业保险保费收入/农业 GDP，全国保险深度＝全国保费收入/全国 GDP。

资料来源：历年《中国统计年鉴》《中国保险年鉴》。

（二）现行农业保险需求状况

虽然近年来总体上参与农业保险的农户有所增加，但在实际农业保险发展中农户参保的积极性比较低。首先，从保费支出来看，农作物保险的费率较高，而农户对于保险的期望收益不高，其主要表现在农作物损失难以认定，在实际理赔过程中存在不规范，不能取信于农户（孙香玉，2008；孙香玉、钟甫宁，2009）。其次，就目前农业保险的理赔情况来看，如果将农业保险作为风险管理，对于农民来说似乎意义不大，因为发生自然灾害，农民仅获得几十元的赔偿，单位面积实际获得的赔偿金额过低，根本弥补不了实际损失，农民基本不会将农业保险作为风险管理的手段；通常情况下农民会通过增加非农就业作为风险管理手段，随着农业收入在农户总收入中比重的下降，作物受灾对农户的经济冲击也会相应下降，农民外出一段时间打工就可以将这部分损失赚回来。Shaik、Coble、Knight 等（2008）测算出农户农业保险的需求弹性系数为 -0.4，认为其缺乏需求弹性。对于农民来说，如果存在更低成本的风险管理方式，那么农业保险将是一种次优选择。将农业保险作为收入支持，对中国的大多数小农户来说（户均耕地不到 10 亩[①]），受灾后一亩田补偿几百元，一共 1000 元左右对农民意义也不大。因此从需求方来看，农业保险不论是作为风险管理还是作为收入支持都不能满足农户的需求。另外，许多学者在研究中指出现行农业保险中"勘察定损"成本高、纠纷大，受灾理赔较为困难，致使农业保险政策失去了很多农民的信任（谷政，2008；孙香玉、钟甫宁，2009；朱俊生，2011）。

也可以看出目前我国农户对于农业保险的需求情况。此次调查是由原中国保险监督管理委员会于 2013 年 12 月在全国组织调查，调查范围涉及 27 个省和 4 个直辖市，有效调查问卷量达到 13142 份，对我国农业保险市场需求做了较为全面的调查。

随着我国政策性农业保险补贴的实施以及在全国的大力推广，近年来参与农业保险的户数越来越多，2014 年 9 月 10 日中国保险学会发布的《中国农业保险市场需求调查报告》显示，所有受访农户中购买农业保险的比例高达 93%（可能由于样本选择问题使这一比例偏高），首先不讨论这一数字的准确性，但可以看出近年来农户购买农业保险的比重

---

① 资料来源：原农业部农业经济研究中心全国农村固定观察点相关数据。

在增加。在调查防范风险方面有 64.1% 的种植户会选择农业保险作为防范风险的措施，这一比重低于农户参与农业保险的比重（93%）。导致这一现象的原因可以归结为两个方面：第一，可能由于农业保险赔偿金额太少、保障水平低，在生产中起不到风险管理的作用，因此农户较少将其作为防范风险的手段。这可以从未购买农业保险的原因中得到印证，调查未购买农业保险的原因中有 33.85% 的农户选择"赔款太低，买不买没差别"。使其成为不购买的最主要原因，这与农业保险的保障水平较低相关。第二，可能由于农户购买农业保险的目的并不是防范风险，而是因为可以获得国家的保费补贴。在农户购买农业保险的原因中有 16.45% 的农户是由于国家提供保费补贴才购买农业保险，然而仅有 7.14% 的农户是由于了解农业保险是补偿损失的有效办法而购买农业保险。同时据此调查仅有 3.57% 的农户会主动购买农业保险。可见目前农户购买农业保险很多并不是将农业保险作为风险管理手段来防范农业生产中的风险，这与政府实行农业保险最初的防范风险目的相悖。

在调查中还可以发现龙头企业、合作社以及规模种植户对于农业保险的需求较为旺盛。龙头企业和合作社在生产方式上具有类似性，其整体经营规模巨大，对于风险管理的要求也相对较高，因此对于农业保险有较大需求。在调查中受访农户租种土地的比例达 20.22%，而这部分租种土地的农户购买农业保险的比例达到了 95.86%（高于所有农户购买农业保险的比重 93%）。有租种土地的农户其农业职业化水平相对较高，在某种程度上进行规模化生产，收入主要来源于种植业，出于对经营风险或是稳定收入的考虑，对农业保险的需求也必定较为强烈。

（三）现行农业保险供给状况

目前在全国大部分省份采取的是各级政府财政支持、地方政府引导号召、财产保险公司或农业保险专业公司承保运作、农户自愿参与的方法来运营农业保险。就目前情况来看，农业保险的供给方主要是商业保险公司，全国共有 65 家经营财产保险的公司（见附表 3），其中有 22 家保险公司①经营农业保险的相关业务，其中最主要的3家保险公司分别是中国人民财产保险股份有限公司、中华联合财产保险股份有限公司、中国太平洋财产保险股份有限公司。中国人民财产保险股份有限公司业务区域分布最广泛，涵盖了中国31个省（自治区、直辖市）；中华联合财产保险股份有限公司经营范围其次，主要涵盖了北京市、天津市、河北省、内蒙古自治区、辽宁省（含大连市）、江苏省、浙江省（含宁波市）、广东省、福建省（含厦门市）、山东省（含青岛市）、河南省、湖北省、湖南省、重庆市、四川省、陕西省、甘肃省、新疆维吾尔自治区18个省（自治区、直辖市）；中国太平洋财产保险股份有限公司在北京市、山东省、河南省、广西壮族自治区、湖南省、内蒙古自治区、天津市、云南省8个省（自治区、直辖市）开展了农业保险业务。目前我国还有5家农业保险专业公司，分别是安信农业保险股份有限公司、安华农业保险股份有限公司、阳光财产保险股份有限公司、国元农业保险股份有限公司、中原农业保险股份有限公司。此外还有中国平安财产保险股份有限公司、华农财产保险股份有限公司等在全国个别省份经营相关农业保险业务的保险公司②。

《农业保险条例》规定农业保险实行政府引导、市场运作、自主自愿和协同推进的原则。省、自治区、直辖市人民政府可以确定适合本地区实际的农业保险经营模式③。因此目前我国还没有形成统一的政策性农业保险理赔管理办法，各省的理赔管理办法不尽相同，在同一省份经营农业保险的公司也各不相同，在一个省份内往往是不同的保险公司在不同

①　主要包括：阳光财产保险股份有限公司、阳光农业相互保险公司、中航安盟财产保险有限公司、中华联合财产保险股份有限公司、中煤财产保险股份有限公司、紫金财产保险股份有限公司、安邦财产保险股份有限公司、安诚财产保险股份有限公司、安华农业保险股份有限公司、安信农业保险股份有限公司、诚泰财产保险股份有限公司、中国人寿财产保险股份有限公司、华农财产保险股份有限公司、锦泰财产保险股份有限公司、中国平安财产保险股份有限公司、中国人民财产保险股份有限公司、中国太平洋财产保险股份有限公司、太平财产保险有限公司、泰山财产保险股份有限公司、天安财产保险股份有限公司、永安财产保险股份有限公司、国元农业保险股份有限公司。资料来源于原中国保险监督管理委员会。

②　资料来源：原中国保险监督管理委员会。

③　资料来源：中华人民共和国政府网站（http：//www.gov.cn/flfg/2012-11/16/content_2269505.htm）。

的区域对相同的农作物承保或者是在相同的区域对不同的农作物进行承保。而保险模式基本仍然采用传统模式，即在大灾发生后保险公司采用逐户查勘、定损的理赔方式（娄伟平、吴利红、姚益平，2010；朱俊生、赵乐、初萌，2013）。现行农业保险依然是农作物受灾后对生产成本的保险，近些年保险产品有所创新，在有些地区出现了产量保险、气象指数保险、收入保险等新型保险产品。

（四）政府相应农业保险补贴状况

中央财政提供农业保险保费补贴的品种有玉米、水稻、小麦、棉花、马铃薯、油料作物、糖料作物、能繁母猪、奶牛、育肥猪、天然橡胶、森林、青稞、藏系羊、牦牛，共计15种。对于种植业保险，中央财政对中西部地区补贴40%，对东部地区补贴35%，对新疆生产建设兵团、中央直属垦区、中储粮北方公司、中国农业发展集团公司（以下简称中央单位）补贴65%，省级财政至少补贴25%。对能繁母猪、奶牛、育肥猪保险，中央财政对中西部地区补贴50%，对东部地区补贴40%，对中央单位补贴80%，地方财政至少补贴30%。对于公益林保险，中央财政补贴50%，对大兴安岭林业集团公司补贴90%，地方财政至少补贴40%；对于商品林保险，中央财政补贴30%，对大兴安岭林业集团公司补贴55%，地方财政至少补贴25%。中央财政农业保险保费补贴政策覆盖全国，地方可自主开展相关险种。2015年国家将进一步加大农业保险支持力度，提高中央、省级财政对主要粮食作物保险的保费补贴比例，逐步减少或取消产粮大县县级保费补贴，不断提高稻谷、小麦、玉米三大粮食品种保险的覆盖面和风险保障水平；鼓励保险机构开展特色优势农产品保险，有条件的地方提供保费补贴，中央财政通过以奖代补等方式予以支持；扩大畜产品及森林保险范围和覆盖区域；鼓励开展多种形式的互助合作保险。

2016年初，财政部出台《关于加大对产粮大县三大粮食作物农业保险支持力度的通知》，规定省级财政对产粮大县三大粮食作物农业保险保费补贴比例高于25%的部分，中央财政承担高出部分的50%。政策实施后，中央财政对中西部、东部的补贴比例将由目前的40%、35%逐步提高至47.5%、42.5%。

三、我国现行种植业保险条款

农业保险条款是农户与农业保险公司关于农业保险权利和义务的约定，是农业保险合同的核心内容。农业保险条款会对保险责任、保险金额、保险费率等做出相应规定，对其进行搜集和回顾有利于了解我国农业保险市场。本书后续研究也将根据各省农业保险条款做出相应分析模拟，因此下面将介绍目前我国部分省份的农业保险条款。

本书通过搜集各省保险公司农业保险条款以及当地政府政策性农业保险相关文件规定，最终对全国 15 个省份的相关条款进行汇总，分别从保险责任、保险金额、保险费率、每亩保险费（元）、赔偿办法、保费补贴办法六个方面进行了归纳总结（具体见附表 4 至附表 18）。

从保险责任来看，由于农业生产中的风险主要来自于自然灾害，如暴雨、洪涝、风灾、雹灾、冻灾、旱灾以及一些病虫灾害，因此各个省份的农业保险条款将这些意外的自然灾害作为保险责任，并且会依据不同省份之间的差异以及作物类型对保险责任做细微调整。从各省保险责任的细则来看，各省基本上将农业生产中意外发生的多种险作为其保险责任。与此同时，还可以发现有些省份如山东省对于灾后农户自救所支付的合理费用也会按照约定负责赔偿，这有利于鼓励农户进行灾后自救，起到减少道德风险的作用。为了避免在承保时段内出现的一些由道德风险以及非突发自然事故造成的损失，在保险责任中会对免赔责任进行规定，在大多数省份中都将 30% 作为理赔门槛，即农作物受损低于 30% 是不承担理赔责任的。同时也有部分省份理赔门槛相对较低，如浙江省、云南省、宁夏回族自治区的理赔门槛为 20%，江苏省目前理赔门槛最低，为 10%。各个省份中理赔门槛目前最高的是北京市，损失率达到 50% 以上的才会获得赔偿。近年来，理赔门槛有降低的趋势，例如江苏省从 2015 年开始将理赔门槛由之前的 20% 降到 10%[①]。与此同时，一些省份会按照不同的灾害类型、不同品种来确定理赔门槛，例如山东省的小麦

---

① 资料来源：《关于江苏省农业保险种养财政保费补贴型险种条款拟定有关事项的通知》（保监发〔2015〕25 号）。

农业保险条款中规定，在保险期间由于火灾、雹灾、风灾、冻灾、涝灾造成损失且损失率在 10%（含）以上可以获得赔偿，而旱灾造成的损失其损失率需要达到 40% 以上才能获赔，重大流行性病虫害赔偿标准则需要其损失率达到 50% 以上。此外，在绝大部分省份中对于农作物全损有明确规定，即当损失率达到 80% 以上（含）时，视同全损。

目前我国实行农业保险的原则是"低保障、广覆盖"，因此在农业保险条款中保险金额相对较低，平均来看大部分省份保险金额只有 400 元左右，其中在 4 种粮食作物中最高保险金额达到了 1000 元（上海市玉米和水稻的农业保险），最低只有 170 元左右。由于具体情况不同，各个省份相同作物保险金额方面也存在较大差异。在一些省份突破单一保险金额，采用不同档次的保险金额，例如江苏省投保人与保险人可以协商确定采用不同档次的保险金额，每亩保险金额分为 333 元、444 元、555 元和 666 元四个档次。

保险费率在各省不同品种间也存在较大差异，大部分主要集中在 6% 左右，其中上海市的水稻保险费率最低，只有 2%，吉林省的玉米相对较高，达到了 10%。

每亩保险费（元）由最高保险金额和保险费率所决定，从全国整体来看，各品种农作物每亩保险费平均在 20 元左右，其中北京市水稻保险的每亩保费相对较高，达到了 55 元/亩，而山东省的玉米和小麦最低，只有 10 元/亩。同时一些省份的保险费会因选择的最高保险金额不同而不同。

对于赔偿办法，各省主要根据作物不同生长期每亩赔偿标准、损失率及受损面积计算赔偿，但在赔偿过程中主要针对投入成本的赔偿（只是物化成本，不包括劳动力成本），与农户收入不挂钩。同时在大部分省份赔偿条款中都会规定，每次保险事故的绝对免赔率为 10%，但近年来一些省份开始去掉这一绝对免赔率，例如安徽省在 2015 年取消了 10% 的绝对免赔率。

在各省传统的保费补贴办法中主要是由中央、省、市、县财政各级部门以不同比例进行补贴，中央最低补贴 35%，最高补贴达到 60%（甘肃省、宁夏回族自治区）。而省、市、县的具体补贴同样会因不同地区而有所差别。总体来看,各地区农业保险补贴总的比重均超过了60%,其中浙江省总的补贴标准最高,达到93%,意味着农民只需要负担保费的7%。因此可以看出国家各级政府对于农业保险的补贴较高,承担了大部分的农业保险费用。

第二节　国内外气象指数保险发展状况

一、国外气象指数保险发展现状

指数保险最早起源于20世纪20年代印度实施的农业地区产量指数保险。随后,多个国家不断深入探索,20世纪40年代,美国学者将多种保险进行比较,其中包括多险种农业保险、地区产量指数保险和气象指数保险。20世纪70年代后,加拿大的部分地区也开始开展区域产量指数保险。1999年,日本开始实施气象指数保险的试点,成为了最早运用气象指数保险的国家。随后,各种国际组织包括联合国粮食及农业组织(FAO)、联合国贸易和发展会议(UNCTAD)、世界银行等都为气象指数保险的发展做出了重要贡献。在这些国际机构的大力支持和推动下,多个发展中国家(包括埃塞俄比亚、摩洛哥、突尼斯、墨西哥、印度、马拉维、阿根廷、乌克兰、罗马尼亚、越南等)陆续进行了气象指数保险的试点研究。世界银行将这些项目分为两类,即以发展为目的的项目和以救灾为目的的项目。

此后,更多国家参与到气象指数保险的研究中,目前也取得了不错的进展。自气象指数保险被提出以来,各国学者针对气象指数保险不断开展研究,目前,对于发展阶段的研究,具有代表性的理论有两个:一个是Henry K. Bagazonzya和Renate Kloeppinger-Todd提出的"二阶段论"(第一阶段为1997~2002年,第二阶段为2002~2007年);另一个是Joanna Syroka提出的"三阶段论"(第一阶段是1997~1999年,第二阶段是 2002~2005 年，第三阶段是 2005 年至今）。

在"三阶段论"中，第一阶段主要是理论研究阶段，该时期主要研究发展中国家农村经济部门如何设计气象指数保险及如何有效实施推广；第二阶段是世界粮食计划署和多个发展中国家（马拉维、印度等）进行合作，这一时期主要研究气象指数保险的产品设计及应用试点；第三阶段是气象指数保险快速发展的阶段，国际社会对气象指数保险的投入明显增加，这一阶段主要研究保险产品的开发设计和新的国家的试点参与等。

指数保险一般分为天气指数保险和区域产量指数保险。目前，发达国家和发展中国家根据本国经济条件和科技发展等因素，针对各地区的特点采用不同的保险产品设计。在发达国家中，美国和加拿大是开展农业指数保险的主力，且保险种类多样，包括以卫星图像中草场和牧场的颜色为指数的植被绿色指数保险、以某地区平均产量为指数的区域产量保险、以气象因子（降水量、温度等）为指数的气象指数保险和牲畜价格指数保险等。尽管指数保险的种类很多，且有政府的支持，但它们在两国农业保险市场中占比仍然很小。

在大部分发展中国家的试点中，气象指数保险占比较大，各个国家根据其地形地貌、地理位置及气候条件等设计气象指数保险产品，经研究发现，试点项目中，降水指数保险占大多数，一些国家的降水量过少，易发生旱灾，一些国家的降水量过多，易发生涝灾。在承保旱灾风险的国家，降水量的阈值在作物正常生长的最小需水量附近，降水量低于阈值，作物减产。在承保涝灾风险的国家，降水量的阈值在作物正常生长的最大需水量附近，降水量高于阈值，作物减产。多数国家的气象指数保险产品只设一个阈值和一个赔偿额，一旦降水量达到阈值，保险人即按规定的额度提供赔偿。还有一些国家对此进行了创新，即在阈值之外另外增加条件，只有两个条件都满足时，保险公司才会给予赔偿。

随着全球气候变化日益增加，气象指数保险的需求不断增加，各国对气象指数保险的研究也更加深入，下面将针对日本、印度和加拿大三个有代表性的国家从组织体系、运行方式和保险效果三个方面介绍气象指数保险在国外的供给情况。气象指数保险的组织体系有两种：第一种是国家政府或负责农业方面的组织进行推广开展；第二种是国家与保险公司进行合作，保险公司推出保险产品，政府给予支持。目前，日本和加拿大采用的是第一种组织体系，即依靠两国的农业保险体系推行气象指数保险。日本的农业保险体系分为三个层次：村一级的保险相互会社，都、道、府一级的农业互助组合联合会，中央一级的全国农业保险协会；加拿大的农业保险则是由联邦政府和地方政府联合开展。印度采用第二种组织体系，由政府牵头，邦政府和中央政府接管保险计划的运行，最后由保险公司具体开展。从运行方式来看，主要包括政府强制投保和农户自愿投保两种。对于日本而言，该国国土面积小，受灾频率高，如果参保的人数过少，无法满足大数效应，就会使政府亏本，日本为了农业的发展，采用强制与自愿相结合的运行方式，且政府为农户提供巨灾再保险补贴，这样的方式保障了日本的参保人数可以达到一定规模，有利于农业发展。而印度则不同，由于其地理位置和气候条件，印度气象指数保险有很大的市场，自印度开展试点以来，印度农业保险公司接管气象指数保险的运行，现已取得了很好的发展，气象指数保险为印度的农业生产提供了保险保障和资金支持，同时帮助农户稳定了收入。从各国气象指数保险的试点情况来看，该保险产品的创新解决了部分农业生产问题，同时，各国的气象指数保险产品都是根据各国自身的保险体系及气候条件设计的，非常符合本国农业的发展需要，对保障本国农业的发展起到了建设性作用。且部分发展中国家的保险产品优于发达国家，这说明气象指数保险的发展对于缩短发达国家和发展中国家的差距起到了重要作用。

从目前来看，气象指数保险可以视为一种产量保险，而赔偿却与实际损失无直接关系。由于赔偿不由实际损失决定，会导致基差风险[①]出现。因为多数气象指数保险产品只有一个保费率，所以我们可以认为，产品覆盖的范围越小，指数与保险标的的相关性越强，基差风险也就越小。但是，缩小产品的覆盖范围和提高指数的测量精度又意味着经营成

[①]　当承保风险发生并造成损失时，如果指数的实际值没有达到事先确定的阈值，遭受损失的保单持有人就得不到赔偿。相反，在指数的实际值超过阈值的情况下，即使保险标的没有损失，保单持有人也有可能得到赔偿。

本的上升。而且，就目前的科技程度来看，即使每个地块都安装测量气象因子数据的仪器，测量结果和产量也无法做到完全一致。因此，如何利用有限的经营成本尽可能地降低基差风险是目前面临的首要问题。

从目前试点情况来看，各个国家的投保率普遍偏低，即使像印度那样指数保险市场较大的国家保险，其参与率也仅达到了 20%~30%。大部分国家的政府对于试点都会有一定的补贴，但参与率仍与预期相差很多。此外由于不同地区的自然条件不同，目前气象指数保险在种植业和畜牧业两方面均有涉及，印度和埃塞俄比亚实行的主要是种植业类型的气象指数保险，蒙古国主要实行畜牧业类型的气象指数保险。印度气象指数保险于 2003 年开始实施（Mechler et al., 2006）。作物类型主要为花生和蓖麻，种植地区主要位于雨量站附近，参保人为村庄中的中小农户（Giné, Townsend, Vickery, 2008）。蒙古国的牧民受到的最严重的灾害为暴风雪，灾害会造成大量的牲畜死亡。基于以上问题，蒙古国联合世界银行于 2006 年开始实施基于指数的牲畜保险，并于 2010 年底覆盖了全国近 12 个省。

国外以种植业为主的一些国家常常具有干旱指数保险，不同的国家，客户有所不同，具体可见表 4-2。

表 4-2　在中低收入国家销售的天气指数保单

国家	产品	客户
墨西哥	干旱指数保险	州政府
印度	干旱指数保险（水稻、花生）	通过直接代理人或农村金融机构为小农提供服务
乌克兰	干旱指数保险	大型农场
马拉维	干旱指数保险（花生）	小农户借贷
埃塞俄比亚	干旱指数保险	世界粮食计划署

资料来源：根据相关文献资料（Barnett, Mahul, 2007）整理得到。

除此之外，实行干旱指数保险的国家还有坦桑尼亚、哈萨克斯坦、泰国等。孟加拉国、越南等正在推行洪水指数保险，这些国家气象指数保险的客户也大都为小型农户。鉴于气象指数保险在此类中低收入国家发展得较好，所以气象指数保险被认为至少在某些地区为一种较好的风险转移工具（Barnett，Mahul，2007）。

国外发展中国家和发达国家实行的气象指数保险有一定的区别，发达国家如日本、加拿大和美国等重视立法保护，具有完善的农业保险制度。日本颁布了《牲畜保险法》，加拿大制定了《草原农场援助法》，美国制定了《联邦农业风险保护法》。其中，加拿大对农户投保具有强制性要求，日本的农户达到一定规模时也会被强制要求投保。加拿大与日本的保险制度具有分级负责的特点，日本的三级式农业保险体系包括基层村级保险相互会社，都、道、府级的农业互助组和联合会和中央级全国农业保险协会，各个领域各自承担相关责任。加拿大由联邦和省政府分别设立农业部和省农作物保险局负责农业保险事务。发达国家的气象指数保险在设计方面比较完善，细致明确，赔付过程明朗，能够有效地减少道德风险的发生。印度、埃塞俄比亚等发展中国家，由于经济条件落后、气象灾害频繁等原因导致农户自身对气象指数保险的需求很大，但实际上由于设计上索赔结算的长期延迟和基差风险，导致印度即使有大量补贴，大部分农民仍然没有购买保险（Hazell，1992；Mahul，Verma，Clarke，2012）。埃塞俄比亚是非洲一个处在经济增长时期的国家，也是一个以农业为基础的经济体，由于环境多变，该地区饱受贫穷和干旱的困扰，该地区对气象指数保险的理论需求应该很高，但实际需求却很低，这主要是由于个人与家庭，地区自然与经济等因素。同样，在肯尼亚，小农通常位于热带和亚热带，容易受气候影响，他们通常也缺乏应对风险的能力（Vermeulen et al.，2012），但由于制度约束，以及高交易成本、道德风险和逆向选择问题，农户对气象指数保险的理性需求低于预期。

相对于发达国家而言，发展中国家在气象指数保险推广上将会面临更多的困难，总体来说，道德风险、逆向选择和基差风险是主要问题。发展中国家的气象指数保险并非由政府部门强制推广，而更多是由其国内的保险公司负责销售，这就使气象指数保险的推广能力受限，同时，由于缺乏专门的立法保护，信任不够也是气象指数保险在发展中国家发展受限的原因之一。发达国家在经济条件和科技条件较高的前提下往往可以设计出更精确、更完善的气象指数保险，在应对基差风险问题上，由于发达国家基础设施相对完备，因此比发展中国家更能有效地降低偏差，同时，政府的立法保护与强制执行，也促进了气象指数保险的扩大。

二、我国气象指数保险发展现状

目前我国实施气象指数保险的省份主要采取的是各级政府财政支持、地方政府引导号召、保险公司承保运作、农户自愿参与的方法。就目前情况来看，气象指数保险的供给方主要有安信农业保险公司、国元农业保险公司、中国人民财产保险公司和太平洋财产保险公司。辽宁省、四川省、陕西省、新疆维吾尔自治区、黑龙江省、山西省等地多家保险公司也根据各地区实际情况自主研发了具有区域特色的天气指数保险产品并进行试点。

由国外试点经验积累和国内多学者对气象指数保险的研究，我们能够看出，如果仅设计单一触发条件，会大大增加保险产品的基差风险，因此我国保险公司在试点时充分考虑此种情况对产品设计进行完善。2007年，我国试点的第一个保险产品——西甜瓜梅雨强度指数保险具有两个触发条件，第一个触发条件为上海市4个地区的累计降水量达到触发值，第二个触发条件为该地区的暴雨天数累计达到3天以上，只有当两个条件都满足时，保险公司才会进行理赔。随着气象指数保险在我国的不断发展，保险产品的保险责任不断被拓宽，保险机制从单一触发逐渐升级为多触发机制，多指数保险产品[①]不断增多，如表4-3所示。

表4-3　2007~2019年我国实行的天气指数保险

年份	保险名称	实行地区	相关气象因子	保险公司
2007	西甜瓜梅雨强度指数保险	上海市	降水量	安信农业保险公司
2009	水稻天气指数保险	安徽省长丰县	降水量、温度	国元农业保险公司

---

① 多指数保险产品指一个保险产品包含多个气象因子，存在多种触发机制，以承保不同的天气风险引起的损失。

续表

年份	保险名称	实行地区	相关气象因子	保险公司
2010	小麦种植天气指数保险	安徽省	降水量	国元农业保险公司
2011	蜜橘气象指数保险	江西省抚州市南丰县	低温冻害	中国人民财产保险公司
2011	超级杂交水稻高温热害指数保险	安徽省	温度	国元农业保险公司
2011	烟叶冻灾和水灾指数保险	福建省长汀县	降雨量、低温	中国人寿财产保险公司
2013	海珍品风力指数保险	大连市长海县、山东省荣成市及山东省长岛县	风力	中国人民财产保险公司
2014	海水养殖业风力指数保险	山东省威海市	风力	中国人民财产保险公司
2014	蜂业气象指数保险	北京市	累计降水量和连续阴天数	中国人民财产保险股份有限公司
2014	农作物种植霜冻气象指数保险	黑龙江省	低温	阳光相互保险公司
2014	农作物种植积温气象指数保险	黑龙江省	平均气温	阳光相互保险公司
2014	农作物种植洪涝气象指数保险	黑龙江省	降雨量	阳光相互保险公司
2014	农作物种植干旱气象指数保险	黑龙江省	降雨量	阳光相互保险公司
2015	茶叶低温气象指数保险	浙江省绍兴市	低温冻害	安信农业保险公司
2015	露地种植绿叶菜气象指数保险	上海市	降水量、高温	安信农业保险公司
2015	茶叶低温霜冻气象指数保险	浙江省宁波市	温度	太平洋产险
2015	农作物风力指数保险	全国（互联网销售）	风力	安信农业保险公司

年份	保险名称	实行地区	相关气象因子	保险公司
2015	玉米干旱气象指数综合保险	山西省	降水量	中煤财产保险公司
2015	深水网箱养殖天气指数保险	海南省	台风	太平洋财产保险公司
2015	扇贝养殖风灾指数保险、海参养殖气温指数保险	山东省烟台市、威海市	风力	太平洋财产保险公司
2015	橡胶风灾指数保险	海南省	台风	中国人民财产保险公司
2015	杨梅采摘期降水气象保险	浙江省	降雨量	中国人民财产保险公司
2015	棉花低温气象指数保险	新疆维吾尔自治区	温度	中华联合财产保险公司
2016	柑橘气象指数保险	浙江省	低温、台风、暴雨	太平洋产险
2016	蜜橘采摘期连阴雨气象指数保险	江西省	降水量	中国人民财产保险公司
2016	葡萄降水指数保险	上海市	降水量	安信农业保险公司
2016	茶叶低温霜冻气象指数保险	河南省信阳市	温度	太平洋产险
2016	樱桃降水指数保险	辽宁省大连市	降水量	太平洋财险
2016	设施农业寡照指数保险	北京市平谷区	连阴天数	中华联合财产保险股份有限公司
2017	枇杷低温指数保险	浙江省温州市	温度	太平洋产险
2017	苹果种植降水量指数保险	山东省	降水量	太平洋财险
2017	猕猴桃高温指数保险	四川省	温度	中航安盟财产保险公司
2017	花椒气象指数保险	陕西省	低温、冰雹	锦泰财险公司
2017	柑橘冻害指数保险	四川省	温度	中航安盟财产保险公司
2017	茶树种植低温冻害气象指数保险	江西省	温度	中国人民财产保险公司

续表

年份	保险名称	实行地区	相关气象因子	保险公司
2018	生姜气象指数保险	浙江省嘉兴市	温度、降水量	
2018	玉米天气指数保险	辽宁省	降水量和无雨天数	中华联合财产保险公司
2019	苹果气象指数保险	陕西省	温度	中国人民财产保险公司

资料来源：笔者根据相关资料整理得到。

气象指数保险在我国的试点主要集中于东部沿海，多数分布在上海市、安徽省、浙江省、福建省、山东省五个省份。试点产品以小麦、玉米、水稻、茶叶等农产品为主，满足了各农户对气象指数保险的需求。针对各农产品保险的具体地区如表4-4所示。另外，部分地区还针对不同水果设计了气象指数保险，保险对象主要为柑橘、苹果、葡萄、杨梅、樱桃、猕猴桃、枇杷、芒果，这些保险产品测算的气象因子主要是冻害。

表4-4　气象指数保险种类及分布

保险对象	分布地区	相关气象因子
玉米	山东省、吉林省、河北省、甘肃省、黑龙江省、辽宁省、四川省、安徽省	干旱、冻害、降水、倒伏
小麦	安徽省、山东省、江苏省、河南省、辽宁省、西藏自治区	旱涝、降水、温度
水稻	安徽省、浙江省、湖北省、江西省、湖南省、贵州省	干旱、高温、暴雨、低温

资料来源：笔者根据相关资料整理得到。

我国气象指数保险产品的经营模式是以政府为主导，保险公司与政府部门开展合作，共同决定试点方案，在政府给予保险一定补贴的支持下，保险公司自主经营、自负盈亏、自担风险。目前，保险公司主要的销售模式有三种，即直销、定制销售、互联网销售。直销模式是大部分保险公司实行的模式，即各保险公司支公司针对支公司所在地的特点设计气象指数保险产品，借助政府平台与大规模农户取得联系，继而签订保单。定制销售模式是保险公司按照个别地区的需求定制保险产品，目前该销售模式仅存在于中国人民财产保险公司开发风力指数型水产养殖保险过程中，该产品是由中国人保财险与獐子岛集团公司合作设计的，其为大连市长海县、山东省荣成市及山东省长岛县的海珍品增养殖海域提供了有力的风险保障。互联网销售模式是保险公司借助互联网平台全国撒网，向个人进行销售。目前互联网销售模式只有安信农业保险公司实行，2015年，该安信农业保险公司与浙江省气象部门进行合作，设计出风力指数保险，将气象指数保险与互联网进行结合，开拓了气象指数保险的新的销售模式，但此模式在试行一段时间后下架了。

从试点结果上看，这三种模式各有优点，同时也都各有缺陷。直销方式需要较多销售人员推广，销售渠道与传统农业保险的销售渠道相近，加之农户对传统农业保险熟悉，使气象指数保险相关优势无法充分体现，很难增加有效需求。定制销售模式尽管更有针对性，基差风险可能较小，但对规模要求较高，需要巨大的需求才能够进行，且覆盖范围有限。互联网销售模式较为方便快捷，但如今我国部分农村互联网尚未普及，对这部分人来说要想投保此种保险几乎是不可能的。

从目前气象指数保险实施状况来看，在中央鼓励创新农业保险的大背景下，很多省的省政府和地方政府对气象指数保险都给予了补贴。作为基于传统农业保险创新的新型保险，气象指数保险借鉴了农业保险的部分实践经验。目前，中央政府和地方政府在政策方面和经济方面都对其给予了一定的支持。在政策方面，2014年我国出台《国务院关于加快发展现代保险服务业的若干意见》（简称"新国十条"）提出"大力发展三农保险，创新支农惠农方式"，鼓励农业保险的创新，2016年中央发布"一号文件"提出"完善农业保险制度，探索开展天气指数保险试点"，增强了各保险公司探索气象指数保险的信心，同时也使农户更放心地参保气象指数保险。在经济方面，地方政府对气象指数保险都给予一定的补贴，鼓励农户投保。由于气象指数保险对气象数据、指数测算、测算方法等精度有较高要求，相对于传统保险，气象指数保险的保费率较高，但目前从省政府到地方政府都积极给予了农户补贴，从表4-5可以看出，对于大部分粮食作物和地方特色经济作物类保险产品，省政府和地方政府的补贴高达65%~90%，农户只需承担 10%~30% 的保费，极大地减轻了农户的负担，鼓励更多农户投保，促进了气象指数保险的发展。

表 4-5　气象指数保险实施情况

年份	保险名称	实行地区	所保气象因子	保险公司	补贴（%）
2015	茶叶低温气象指数保险	浙江省绍兴市	低温冻害	安信农业保险公司	70
2015	露地种植绿叶菜气象指数保险	上海市	降水量、高温	安信农业保险公司	70
2015	橡胶风灾指数保险	海南省	台风	中国人民财产保险公司	90
2015	杨梅采摘期降水气象保险	浙江省	降雨量	中国人民财产保险公司	70
2015	棉花低温气象指数保险	新疆维吾尔自治区	温度	中华联合财产保险公司	65
2016	柑橘气象指数保险	浙江省	低温、台风、暴雨	太平洋产险	30
2018	生姜气象指数保险	浙江省嘉兴市	温度、降水量		80

资料来源：笔者根据相关资料整理得到。

第三节　国际农业保险发展趋势及启示

在世界贸易组织《农业办定》中，农业保险属于"绿箱政策"范围，并符合国际规则（见附表 1），政府在不做出削减承诺的情况下，可以给予财政补贴以支持本国农业发展（张雯丽、龙文军，2014）。并且农业保险具有转移和分散农业生产风险、分担经济损失、稳定农民收入等优势，是许多国家所采用的非价格农业保护和风险管理的工具，成为世界各国青睐的农业支持政策，也是农业适度保护的国际惯例（邢鹂，2004；张团团、郭洪渊，2013）。根据世界银行 2008 年的调查，目前全球有 104 个国家或地区在开展农业保险，其中 86 个国家或地区已经建立起比较完备的农业保险制度，有 18 个国家或地区正在进行农业保险试点计划（Mahul，Stutley，2010；王克，2014；柴智慧，2014）。农业保险作为市场化进程中合理的农业支持政策以及有效的损失补偿机制，不易引起贸易争端（夏益国、刘艳华，2014），逐渐被各国采用。

通过分析目前国际上一些主要国家的农业保险发展状况，可以归纳出国际农业保险发展趋势，主要表现在以下几点：

（1）把农业保险作为农业支持的主要方式，将对农业的支持政策从"黄箱政策"转入到"绿箱政策"[①]。实行农业保险最基本也是最本质的政策目标是进行风险管理（Barnett，Mahul，2007；孙良媛、张岳恒，2001；巴曙松，2013），但从欧美西方国家实际的做法来看，它们在逐渐或者已经将农业保险作为支持农业生产的措施，这些做法的实质是将农业保险作为支持农业发展的一种手段（将财政资金通过农业保险补贴给农户，保障其收入水平，提高农户从事农业生产的积极性），是在世界贸易组织《农业协定》相关规定允许的情况下，以风险管理的名义来支持农业发展。

具体来看，美国近年来出台的相关农业政策逐渐将支持重点转向农业保险。世界贸易组织相关规定向美国《农业法案》提出了挑战，之前美国以价格支持为主的政策体系及对特定产品进行高额补贴受到很多国家的反对，因此美国在 2014~2018 年的新《农业法案》中将部分农产品排除在价格收入支持政策外，并将其增加到市场扭曲程度小的农业保险政策中（韩一军、徐锐钊，2015）。在 2014 年美国颁布的《农业法案》中，美国政府在未来农业项目计划中支出最多的是农业保险，农业保险项目支出占总计划支出的 9.39%，其余项目总占比为 11.52%[②]（Chite，2014；张玉环，2016）。从未来农业保险支出预算情况来看，美国计划

[①] "黄箱政策"和"绿箱政策"都属于世界贸易组织《农业协定》中相关的农业补贴政策。"黄箱政策"在世界贸易组织《农业协定》中虽然不禁止，但是需要申请国承诺在一段时期内逐渐削减相应补贴，是指那些对贸易有较大扭曲作用的补贴。"绿箱政策"在世界贸易组织《农业协定》中没有限制，主要是指那些没有贸易扭曲作用或者贸易扭曲作用非常小的国内支持措施。

[②] 虽然营养项目占比达 79.09%，但其并不属于农业生产领域的支出。

在未来 20 年逐渐稳步增加农作物保险支出预算，最终在 2023 年达到 10000 百万美元，如图 4-2 所示。

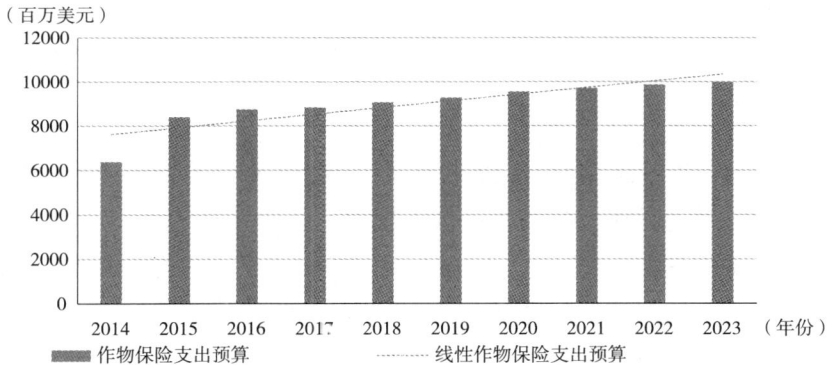

图 4-2　2014 年美国《农业法案》预算支出（2014~2023 年）

资料来源：美国国会预算局网站（https：//www.cbo.gov/）。

在 2014 年美国农作物预算中，农业保险（如价格损失保险、农业风险保险）作为"绿箱政策"中的项目预算金额呈现出增加的趋势，但是其他的"黄箱政策"项目如直接补贴、反周期、平均作物收入计划等则相应地减少，如表 4-6 所示。这一转变是顺应世界贸易组织相关规定的较为合理的转变。由此可以看出，美国已将农业保险作为支持农业发展的主要方式（Goodwin，Hungerford，2014），将农业生产的支持政策从"黄箱政策"转入到"绿箱政策"。并且很多美国相关研究都认为，在美国农业保险实质上已经成为一种收入转移的方式（Glauber，2013；Du，Feng，Hennessy，2016）。

表 4-6　2014 年美国农作物部分预算情况

单位：百万美元

政策类型	具体措施	2014 年	2015 年	2016 年	2017 年	2018 年
"黄箱政策"	直接补贴	0	−4538	−4538	−4538	−4538
	反周期	0	0	−117	−182	−190
"黄箱政策"	平均作物收入计划	0	0	−1336	−696	−462

续表

政策类型	具体措施	2014 年	2015 年	2016 年	2017 年	2018 年
"绿箱政策"	价格损失保险	0	0	1652	1755	1708
	农业风险保险	0	0	2115	2327	2086

资料来源：美国国会预算局网站（https：//www.cbo.gov/）。

在欧盟也呈现出类似的发展趋势，我国原农业部欧盟农业政策考察团（2012）通过对欧盟各国实地调查发现，农业补贴向着"绿化"、脱钩、收入支持方向的演进趋势明显，政府对农业保险的支持力度逐步加大。由此可以发现，各国政府通过一些政策法规将对农业的支持政策从"黄箱政策"转入到"绿箱政策"，把农业保险作为农业支持的主要方式。

（2）农业保险倾向于保收入代替保产量，将风险管理变为收入支持。之前在西方国家农作物保险的标的都是农产品的产量，通过农户投保产量目标，保险将灾害损失降到最低，间接地保障了农户的收入。但由于近年来国际市场上农产品价格波动比较大，相应影响到农民的收入稳定，西方国家的农作物保险政策出现了新变化，农作物保险公司开始把农场主的年收益作为保险的标的（李超民，2008）。因此现在很多国家将市场引起的波动风险纳入到农业保险当中，更多地考虑农民收入，增加了许多农业收入保险。目前在美国联邦实行的农业保险当中，主流的保险产品逐渐从产量保险过渡到收入保险，美国在 1996 年开办收入保险，到2006 收入保险首次超过产量保险，再到 2012 年美国农作物保险出售的保单中，收入保险保单约占 71%，在 2012 年美国农作物保险总保费收入中 82% 的保险费来自于收入保险产品，主要由于收入保险产品保障更全面，可以满足农场主风险管理的需求（Shields，2015）。从 2014 年美国农作物保险预算情况来看（见表 4-7），美国对于棉花收入保障和花生收入保险的预算呈现出增长的趋势，而对于部分生产保险如草原作物生产保险采取了削减预算。2014 年美国《农业法案》规定除了实施价格损失保险计划（Price Loss Coverage，PLC）外，当承保农作物的平均市场价格低于规定的参考价格时会进行保险理赔，还实施了农业风险保障计划（Agricultural Risk Coverage，ARC；包括个人 ARC 和县 ARC 两种），农业风险保障计划是一种收入保险，即当参保的农场所有农作物收入（个人 ARC）或者全县某种农作物收入（县 ARC）低于基准收益的 86% 时，个体农场或者全县农场获得理赔。2014 年美国《农业法案》对补贴手段和项目做出了较大调整，主要表现在累计收入保险计划（STAX），该计划将价格补贴计划转为"收入保险"类补贴，相对于直接支付补贴和农产品价格补贴，农作物保险补贴具有隐蔽性，正成为美国政府支持农业生产的重要手段（韩一军、徐锐钊，2015）。

表 4-7　2014 年美国种植业保险部分预算情况

单位：百万美元

保障类型	2014 年	2015 年	2016 年	2017 年	2018 年
棉花收入保障	0	35	325	308	386
花生收入保险	0	1	13	15	15
草原作物生产保险	0	-1	-7	-11	-15

资料来源：美国国会预算局网站〔https://www.cbo.gov/〕。

通常情况下农业保险目标定位有三种：① 农业风险管理目的；② 收入支持目的；③ 兼有农业风险管理和收入支持的目的。从近年来国外农业保险的目标定位来看，多数国家的定位是第二种和第三种，作为世界贸易组织框架允许的可以为农户提供财政支持和收入补贴的一个"绿箱政策"，在许多国家农业保险充当了向农民进行收入转移支付的政策工具，例如美国近年来的政策将农业保险功能更多地定位于收入转移功能（黄英君，2009a），将农业保险作为财政向农业部门转移支持的重要工具（Goodwin et al.，1998）。

（3）国家对于农业保险的补贴逐渐增加。近年来，各个国家对于农业保险的补贴力度逐渐加大，其中表现较为突出的是美国的补贴。1990~2014 年，美国联邦政府对于农业保险的补贴呈上升趋势，尤其在近年来补贴增长非常快，最高在 2011 年达到了 73.76 亿美元，如图 4-3 所示。另外从农业保险保费补贴率来看，同样呈现出上涨趋势，尤其是在 1994 年实行联邦《农作物保险改革法》后，美国联邦政府农业保险补贴实现跨越式发展，农业保险补贴占保费收入比重从 27.23% 上升到 54.35%，之后整体呈现出增长趋势，2011 年后这一比重保持在 60% 以上，也就是说农场主所缴保费的 60% 是由国家补贴的。

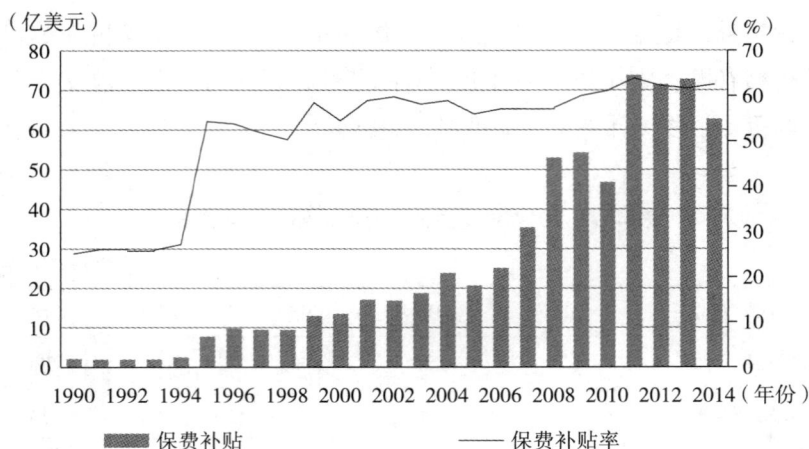

图 4-3　1990~2014 年美国农业保险保费补贴及保费补贴率

注：保费补贴率＝保费补贴／保费收入 ×100%。

资料来源：美国农业部风险管理局（http：//www.rma.usda.gov/）。

对比美国联邦在 1980 年、1994 年和 2000 年相关的农作物保险法定保费补贴率会明显发现，所有的保障水平（50%~85%）随着时间的推移补贴的力度逐渐加大，如表 4-8 所示；以保障水平 55% 为例，在 1980 年补贴率只有 30%，到 1994 年增长到了 46%，2000 年则达到了 64%，可见增长速度之快。夏益国（2013）的研究表明，近年来美国大幅度提高了保费补贴比例，尤其是高保障性保险的保费补贴比例。与此同时，根据 2012 年《农业改革、食品与就业法》，美国在原有补贴项目的基础上又增加了区域产量保险和区域收入保险的补贴，进一步扩大了农业保险补贴范围。美国相关专家认为，未来美国联邦政府应该会继续加大对农业保险的补贴力度（Goodwin，Smith，2013）。

表4-8 1980年、1994年、2008年美国农作物保险法定保费补贴率

单位：%

法案	保障水平							
	50/100	55/100	60/100	65/100	70/100	75/100	80/100	85/100
1980年联邦《农作物保险法》	—	30	—	30	—	17	—	—
1994年联邦《农作物保险改革法》	55	46	38	42	32	24	17	13
2000年《农业风险保障法》	67	64	64	59	59	55	48	38

注："—"代表数据缺失。

资料来源：美国农业部风险管理局（http://www.rma.usda.gov/）。

农业保险作为世界贸易组织的"绿箱政策"，成为世界各国青睐的农业支持政策，美国等西方发达国家在近年来不断加大对农业保险的补贴支持力度，与此同时它们更多地将农业保险作为收入支持的手段，农业保险作为风险管理工具的作用在减弱。国际上农业保险的这一发展趋势也是各个国家通过实践不断总结经验的结果，值得我国学习和借鉴，我国应该逐渐探索如何将农业保险的目标转化为收入支持，并积极探索合理的方式来减少收入支持当中的"漏出"，进而增加对农户的补贴力度。

第四节 本章小结

本章在回顾我国农业保险发展历程及农业保险发展现状的基础上，对目前新兴的气象指数保险在国际和国内的发展状况进行了介绍，最后结合国际尤其是发达国家在农业保险方面的经验，对未来农业保险政策走向进行了分析。本章为本书的研究提供了背景，从整体上了解农业保险包括气象指数保险未来可能的发展趋势。通过本章研究，得出我国农业保险未来趋势方面以及国际农业保险发展趋势方面的相关结论。首先，

通过回顾我国农业保险发展历程，发现农业保险的属性应定为政策性，这一属性在农业保险发展中逐渐清晰和明确；政策性农业保险不应成为强制保险，政府对农户参与行为的干预会逐渐弱化；作为政策性保险，农业保险应尽可能地保农业生产中的多种险，同时风险保障水平在未来会不断提高；中央和地方财政补贴应成为农业保险补贴的主要来源，农业保险补贴在广度与深度上都将有所发展。另外，从目前国际上其他国家农业保险的发展经验来看，未来趋势是：各国逐渐将农业保险作为农业支持的主要方式，对农业的支持政策逐渐从"黄箱政策"转入到"绿箱政策"；农业保险倾向于保收入代替保产量，将风险管理变为收入支持；国家对于农业保险的补贴逐渐增加。目前，国际上气象指数保险主要在世界银行、联合国粮食及农业组织等机构推动下，在一些发展中国家中推行，而我国是由一些农业保险公司与当地政府合作，在部分地区进行试点推广。但从目前气象指数保险试点情况来看，在其运行过程中出现了一些问题，其有效市场需求不尽如人意。

第五章
气象指数保险的基本可保性分析

我国幅员辽阔，地理环境复杂多样，农业在生产过程中经常会遇到自然灾害，产量会受到影响。目前探索实行气象指数保险的目的之一是为了防范农业生产中的各种风险，稳定农产品的供给。气象指数作为财产保险的一种类型，它必须满足保险可保性的基本条件，即标的物通常会发生"小概率、大损失"的灾害事件。因此首先需要对目前我国作物的减产概率分布进行测算，确定当减产幅度达到什么程度时会成为小概率事件，并在此基础上讨论作物损失的大小问题，最终对气象指数作为保险的基本可保性做出评价。

第一节　作物减产概率分布测算方法

邢鹂（2004）在对种植业生产风险评估与分区进行分析时，曾以省级为单位对种植业产量风险进行测度，但由于省级行政单位所涵盖的面积过大，通常情况下存在的情况是一个省内有的地区受灾而有的地区不受灾，这样导致的结果是省内某作物的产量波动被平衡了，测算出来的结果存在较大误差。农业保险实际上以农户为单位，要想准确地测度产量风险，最好采用单个农户种植作物的产量数据。基于此，本书将借鉴之前学者的方法（邢鹂，2004；邢鹂、钟甫宁，2006），并将其进一步准确、细化至农户层面。对农作物产量风险的测算，主要是在测算出农户预期产量和农作物单产变异的基础上最终算出农作物减产的概率。具体方法如下：

（1）农户预期产量的测算。在分析农户减产幅度之前，首先必须知道农户种植作物的实际产量与作物的预期产量，其中作物的实际产量在实地调研的数据中可以获得，但是作物预期产量需要做出计算。具体计算方法如下：首先假定每个农户在特定品种作物上的技术、要素投入增长是稳定上升的，在此前提假设下，为每个种植某一种农作物的农户构建一个以年份为变量的线性回归方程，估计出相应的系数，之后就可以得到农户在这一品种农作物的预期产量。假设某一农户所种植的 j 种作物在 t 年的实际产量为 Y_t^j，则其计算公式如式（5-1）所示。

$$Y_t^j = a + bt + \varepsilon_t \qquad (5-1)$$

在式（5-1）中，a、b 为待估系数，ε_t 为残差。那么单个农户种植的 j 种作物的预期产量为：

$$\hat{Y}_t^j = a + bt \qquad (5-2)$$

（2）农作物单产变异测算。有了预期产量就可以算出农户单产的变异情况，将其称为变异率，用 R_t^j 表示，其计算公式如式（5-3）所示。

$$R_t^j = \frac{Y_t^j - \hat{Y}_t^j}{\hat{Y}_t^j} \times 100\% \qquad (5-3)$$

通过计算单个农户种植作物在各年份的单产变异率，可以对比研究各地区不同作物的单产变异情况以及不同年份之间的差异。如果在某一年单产变异率小于0，说明该农户种植的农作物在这一年处于减产状态，变异率越小说明减产越严重；相反如果变异率大于0，则说明该农户这一年农作物增产；等于0则说明保持稳产。

（3）不同减产幅度的概率分布测算按照《中国统计年鉴》中关于受灾面积的界定，受灾面积指因灾减产10%以上的农作物播种面积。如果同一地块的当季农作物多次受灾，只计算其中受灾最严重的一次。成灾面积是指受灾面积中因灾减产30%以上的农作物播种面积。绝收面积是指受灾面积中，因灾减产80%以上的农作物播种面积。因此本书参照这一划分标准，将农作物减产划分为受灾（减产10%及以上）、成灾（减产30%及以上）、绝收（减产80%及以上）3类对减产分布区间进行归类。农作物的减产幅度区间 k 细分为（0%，10%）、[10%，20%）、[20%，30%）、[30%，40%）、[40%，50%）、[50%，60%）、[60%，70%）、[70%，80%）、[80%，100%][1] 9 个区间，设 e_i^j 为 i 省种植 j 农作物的农户总数，每个减产幅度区间 k 的农户样本数为 $m_{k,i}^j$，之后就可以得到各省不同农作物在 9 个减产幅度区间的减产概率分布 $P_{k,i}^j$，如式（5-4）所示。

$$P_{k,i}^j = \frac{m_{k,i}^j}{e_i^j} \times 100\%$$

（5-4）

通过农作物减产的概率分布，就可以直观地看出全国及各省份在不同减产幅度下农户分布情况。

第二节　作物减产概率分布结果及分析

根据上文有关农作物减产幅度概率分布的测算方法，分别计算出各省不同作物在（0%，10%）、[10%，20%）、[20%，30%）、[30%，40%）、[40%，50%）、[50%，60%）、[60%，70%）、[70%，80%）、[80%，100%] 9 个减产区间当中农户出现的概率分布。我国幅员辽阔，各省份自然地理环境各不相同，因而其种植的作物也存在差异，同时由于固定观察点选取的原因，在测算 4 种粮食作物减产概率分布时不能涵盖每个省份。最终测算出 20 个省份的小麦平均减产概率分布、26 个省份的玉米平均减产概率分布、23 个省份的稻谷平均减产概率分布以及 26 个省份的大豆平均减产概率分布。下面将分别对 4 种粮食作物的减产幅度概率分布进行分析。由于本书净计算出来的预期产量作为参照来测算农户是否减产以及减产幅度，因此农作物在总减产概率和没减产概率分布上较为接近（农户种植作物的产量波动接近于正态分布），但还是可以对比分析哪些省份某一作物减产的概率偏大。

---

[1]　由于减产 80% 及以上就定为绝收，因此在减产 80% 之后没有进行进一步细分。

一、小麦平均减产概率分布

如表 5-1 所示，从全国层面来看，我国小麦种植产量不变或产量增加的概率会稍大于减产的概率，小麦发生减产的概率约为 48.35%。在减产中有 27.6% 分布于（0%，10%），在统计方面通常将减产 10% 及以上定义为受灾，因此这部分减产属于合理范围内的产量波动，不构成受灾。下面来看减产幅度大于 10% 的概率分布情况，根据对农作物受灾、成灾、绝收的界定划分，可以计算出我国小麦种植出现受灾性减产的概率（减产分布在 [10%，100%]）约为 20.75%；小麦种植出现成灾性减产的概率（减产分布在 [30%，100%]）约为 5.07%；而绝收（减产分布在 [80%，100%]）出现的概率为 0.71%。进一步看减产幅度大于 10% 的减产区间，其概率分布呈现出一定规律，即随着减产幅度的增加出现的概率相应降低，这与实际情况相符合；其中减产 [10%，20%）的发生概率最高，达到 11.22%，占到受灾性减产概率的 50% 以上，说明整体来看我国小麦种植在出现灾害时受到的损失相对较小，主要分布在 [10%，20%）。具体看一下全国各省份在小麦种植中出现减产的概率分布情况。在全国测算出来的 20 个省份中有 5 个省份的总减产概率要大于没减产概率，分别是江苏省、河南省、云南省、甘肃省、青海省，其中青海省种植小麦总减产概率最大（51.90%）。而其余 15 个省份在小麦种植中没有发生减产的概率相对较大，均大于 50%。其中内蒙古自治区和重庆市发生减产的概率最小，分别只有 37.41%、35.69%。所以可以得出，全国各省份中多数省份在种植小麦出现减产的概率相对较小。下面来看小麦受灾性减产的概率分布情况，贵州省、云南省、西藏自治区、青海省的受灾性减产的概率较大，均超过 30%，其中西藏自治区最大，达到了 35.82%；而在各省份中重庆市的小麦受灾性减产的概率最小，只有 4.36%，上海市受灾性减产的概率也只有 7.28%。内蒙古自治区、重庆市在小麦种植中基本上不会发生成灾性灾害，成灾性减产的概率都为 0；同时上海市、江苏省的成灾性减产的概率也较小，分别只有 0.38%、0.64%。

表 5-1　2004~2011 年各省份小麦平均减产概率分布

单位：%

省份	没减产概率	总减产概率	减产(0%,10%]	减产[10%,20%)	减产[20%,30%)	减产[30%,40%)	减产[40%,50%)	减产[50%,60%)	减产[60%,70%)	减产[70%,80%)	减产[80%,100%]	受灾性减产概率	成灾性减产概率
全国	51.65	48.35	27.60	11.22	4.46	2.04	1.04	0.64	0.40	0.24	0.71	20.75	5.07
天津市	53.16	46.84	26.58	11.51	5.02	2.76	0.32	0.00	0.16	0.32	0.16	20.25	3.72
河北省	54.44	45.56	29.06	9.80	3.25	1.56	0.92	0.40	0.27	0.10	0.20	16.5	3.45
山西省	51.27	48.73	22.55	11.24	6.24	2.97	2.54	1.74	0.65	0.29	0.51	26.18	8.7
内蒙古自治区	62.59	37.41	21.33	15.73	0.35	0.00	0.00	0.00	0.00	0.00	0.00	16.08	0.00
上海市	50.96	49.04	41.76	4.98	1.92	0.00	0.38	0.00	0.00	0.00	0.00	7.28	0.38
江苏省	49.88	50.12	37.61	10.04	1.83	0.31	0.12	0.03	0.11	0.00	0.18	12.51	0.64
安徽省	52.89	47.11	29.20	11.14	3.55	1.58	0.45	0.23	0.35	0.14	0.71	17.91	3.22
山东省	51.14	48.86	35.68	8.05	2.20	0.54	0.27	0.12	0.10	0.08	1.58	13.19	2.94
河南省	49.89	50.11	32.56	11.64	3.76	1.05	0.31	0.21	0.04	0.05	0.44	17.56	2.16
湖北省	53.62	46.38	22.64	12.27	5.91	2.78	1.41	0.26	0.22	0.09	0.97	23.73	5.55
四川省	52.13	47.87	23.17	11.82	6.66	2.98	1.56	0.55	0.22	0.22	0.69	24.70	6.22
贵州省	56.48	43.52	12.97	8.88	3.48	2.70	2.87	2.61	2.52	1.65	5.83	30.54	18.18
云南省	48.44	51.56	17.23	12.22	7.94	5.85	3.44	2.28	1.30	0.74	0.56	34.33	14.17
西藏自治区	50.00	50.00	14.19	14.19	10.81	3.38	3.38	1.35	2.03	0.68	0.00	35.82	10.82

续表

省份	没减产概率	总减产概率	减产(0%,10%]	减产[10%,20%)	减产[20%,30%)	减产[30%,40%)	减产[40%,50%)	减产[50%,60%)	减产[60%,70%)	减产[70%,80%)	减产[80%,100%]	受灾性减产概率	成灾性减产概率
重庆市	64.31	35.69	31.34	3.54	0.82	0.00	0.00	0.00	0.00	0.00	0.00	4.36	0.00
陕西省	51.18	48.82	27.53	11.23	5.42	2.19	0.79	0.46	0.36	0.31	0.53	21.29	4.64
甘肃省	49.78	50.22	25.06	12.01	5.56	2.55	1.86	1.48	0.55	0.35	0.79	25.15	7.58
青海省	48.10	51.90	18.97	14.84	7.06	4.63	1.60	2.04	1.71	0.77	0.28	32.93	11.03
宁夏回族自治区	53.44	46.56	24.36	13.50	4.14	2.32	1.16	0.50	0.17	0.00	0.41	22.2	4.56
新疆维吾尔自治区	51.06	48.94	28.97	13.29	4.10	1.19	0.40	0.07	0.00	0.13	0.79	19.97	2.58

注：1. 表中"没减产概率"包括产量不变和增产的概率。

2. 总减产概率为减产分布在（0%, 100%]的总概率；减产分布在 [10%, 100%] 的概率为受灾性减产概率；减产分布在 [30%, 100%] 的概率为成灾性减产概率；减产分布在 [80%, 100%] 的概率为绝收性减产概率。

资料来源：根据原农业部全国农村固定观察点产量数据整理计算得到。

贵州省、云南省、西藏自治区、青海省的成灾性减产的概率较大，均超过了10%，最高为贵州省，达到18.18%。全国各省发生绝收的概率均很小，只有贵州省、山东省绝收的概率超过1%，这两个省份的绝收风险相对较大；内蒙古自治区、上海市、西藏自治区、重庆市绝收性减产的概率为0，意味着这4个省份基本上不会出现绝收的情况。

二、玉米平均减产概率分布

如表5-2所示，从全国范围来看，玉米平均减产概率为48.40%，说明我国玉米种植在一般情况下产量不变或增产的可能性相对较大。在减产概率中不构成受灾的概率，即减产（0%，10%）概率达到22.19%；而构成受灾的概率达到26.21%，这一概率相对较高，意味着全国种植玉米的农户大约有1/4的可能性会受灾，减产幅度超过10%。全国种植玉米的农户发生成灾和绝收减产的概率相对较小，分别是7.69%、0.77%。从全国各省份玉米总减产概率情况来看，在测算的26个省份中有7个省份包括浙江省、福建省、湖北省、广西壮族自治区、四川省、云南省、甘肃省的总减产概率均大于50%，这些省份的农户在玉米种植中遇到减产的概率相对较大，其中浙江省玉米种植总减产概率最大，达到55.21%。而玉米种植总减产概率最小的省份是海南省，只有34.32%，其原因一方面可能是由于海南省的地理环境相对优越，玉米作物出现灾害的可能性小，另一方面可能是由于海南省种植玉米的农户数量较少，发生灾害的概率也相对较小。除提到的省份外，其他省份总减产概率较为接近，主要集中于45%~50%。再来看各个省份玉米种植出现受灾性减产的概率，在26个省份中有10个省份玉米种植户出现受灾的概率超过30%，分别是辽宁省、吉林省、浙江省、安徽省、福建省、湖北省、广西壮族自治区、四川省、云南省、陕西省，这表明这些省份种植玉米出现受灾性减产的概率相对较高，其中浙江省和福建省受灾性减产的概率更高，分别达43.75%、45.45%；而其余各省份这一概率也在20%左右，可见玉米在全国各省份种植发生受灾性减产的可能性比较大。

表 5-2 2004~2011 年各省份玉米平均减产概率分布

单位：%

省份	没减产概率	总减产概率	减产 (0%, 10%]	减产 [10%, 20%)	减产 [20%, 30%)	减产 [30%, 40%)	减产 [40%, 50%)	减产 [50%, 60%)	减产 [60%, 70%)	减产 [70%, 80%)	减产 [80%, 100%]	受灾性减产概率	成灾性减产概率
全国	51.60	48.40	22.19	12.35	6.17	3.38	1.50	0.93	0.65	0.46	0.77	26.21	7.69
北京市	52.04	47.96	18.18	11.29	5.33	2.51	3.13	2.19	0.94	1.25	3.13	29.77	13.15
天津市	51.09	48.91	27.36	9.08	4.84	5.57	0.48	0.36	0.24	0.12	0.85	21.54	7.62
河北省	53.69	46.31	28.49	10.70	3.19	1.33	0.47	0.47	0.48	0.47	0.74	17.85	3.96
山西省	53.23	46.77	21.30	12.07	4.87	3.90	1.43	0.84	0.97	0.97	0.42	25.47	8.53
内蒙古自治区	55.72	44.28	20.10	7.58	6.26	8.18	1.56	0.12	0.00	0.12	0.36	24.18	10.34
辽宁省	50.76	49.24	18.62	12.40	8.66	4.71	1.64	0.92	1.01	0.71	0.57	30.62	9.56
吉林省	52.81	47.19	16.67	14.26	6.88	3.80	1.43	1.09	0.68	0.73	1.64	30.51	9.37
黑龙江省	53.02	46.98	29.77	10.63	4.69	0.64	0.27	0.39	0.17	0.15	0.27	17.21	1.89
江苏省	52.47	47.53	20.03	11.63	7.38	4.01	1.95	1.27	0.54	0.24	0.49	27.51	8.50
浙江省	44.79	55.21	11.46	8.33	7.29	14.58	3.13	4.17	1.04	1.04	4.17	43.75	28.13
安徽省	52.09	47.91	16.67	10.51	6.44	4.01	3.28	2.15	1.53	0.73	2.60	31.25	14.30
福建省	47.62	52.38	6.93	8.66	11.69	12.12	5.19	2.16	3.03	1.30	1.30	45.45	25.10
山东省	51.77	48.23	30.52	11.27	3.59	1.43	0.35	0.08	0.04	0.04	0.93	17.73	2.87
河南省	51.09	48.91	24.84	13.09	5.49	2.10	0.79	0.66	0.61	0.30	1.03	24.07	5.49

续表

省份	没减产概率	总减产概率	减产（0%, 10%）	减产［10%, 20%）	减产［20%, 30%）	减产［30%, 40%）	减产［40%, 50%）	减产［50%, 60%）	减产［60%, 70%）	减产［70%, 80%）	减产［80%, 100%］	受灾性减产概率	成灾性减产概率
湖北省	49.34	50.67	17.25	13.42	8.52	5.20	2.24	1.79	1.04	0.46	0.75	33.42	11.48
湖南省	50.18	49.82	25.62	11.74	6.58	2.85	1.25	0.53	0.18	0.18	0.89	24.20	5.88
广西壮族自治区	48.26	51.74	17.74	13.45	7.92	5.21	3.32	1.84	1.07	0.77	0.41	33.99	12.62
海南省	65.68	34.32	8.28	4.14	5.33	14.20	1.18	1.18	0.00	0.00	0.00	26.03	16.56
四川省	49.35	50.65	19.69	12.92	7.17	4.61	2.11	1.57	0.99	0.30	0.63	30.96	10.87
贵州省	51.22	48.78	22.78	12.87	5.96	3.07	2.17	0.99	0.60	0.14	0.19	25.99	7.16
云南省	49.86	50.14	19.44	14.48	7.61	4.42	1.70	1.12	0.51	0.31	0.54	30.69	8.60
重庆市	52.79	47.21	26.85	11.73	4.21	1.98	0.66	0.30	0.36	0.51	0.61	20.36	4.42
陕西省	50.10	49.90	18.92	13.51	7.85	4.22	2.22	1.08	0.80	0.51	0.78	30.97	9.61
甘肃省	49.51	50.49	20.85	14.33	7.94	2.89	2.12	1.14	0.41	0.37	0.45	29.65	7.38
宁夏回族自治区	54.01	45.99	27.23	10.80	4.67	1.39	0.51	0.44	0.22	0.22	0.51	18.76	3.29
新疆维吾尔自治区	51.16	48.84	26.36	10.36	5.36	3.81	0.92	0.70	0.14	0.49	0.70	22.48	6.76

注：1. 表中"没减产概率"包括产量不变和增产的概率。

2. 总减产概率是减产分布在（0%, 100%］的总概率；减产分布在［10%, 100%］的概率为受灾性减产概率；减产分布在［30%, 100%］的概率为成灾性减产概率；减产分布在［80%, 100%］的概率为绝收性减产概率。

资料来源：根据原农业部全国农村固定观察点产量数据整理计算得到。

全国出现成灾性减产概率较大的省份包括北京市、内蒙古自治区、浙江省、福建省、湖北省、广西壮族自治区、海南省、四川省，这些省份这一概率全部超过10%，浙江省和福建省更高，超过20%。玉米种植出现绝收性减产的概率相对较大的省份有安徽省、北京市、浙江省，绝收性减产的概率分别为2.6%、3.13%、4.17%；而其余省份玉米种植绝收的概率相对较低。

三、稻谷平均减产概率分布

如表5-3所示，从全国层面来看，稻谷种植出现总减产概率为49.31%，与没减产概率（50.69%）相接近。而在减产概率中减产（0%，10%）的概率所占比重较大，达到29.57%，这意味着全国种植稻谷构成受灾性减产的概率相对较小，大约19.73%的概率中农户稻谷种植减产会超过10%。同时在受灾性减产的概率［10%，100%］中有50%以上的农户减产在［10%，20%），说明全国稻谷种植受灾减产程度也相对较小。另外构成成灾性减产的概率约为4.55%，绝收性减产的概率约为0.53%。分省份来看，在测算的23个种植水稻的省份中有6个省份的水稻种植总减产概率超过50%，分别是黑龙江省、福建省、山东省、广东省、广西壮族自治区、云南省，这些省份出现减产的概率要稍大于其他省份；其中福建省、广东省、广西壮族自治区作为全国稻谷主产省份，其总减产概率相对较大，如果发生灾害造成减产，可能会给全国稻谷供给以及当地农户生产生活带来许多问题。天津市、上海市、浙江省、重庆市、宁夏回族自治区的总减产概率均小于45%，其中宁夏回族自治区的稻谷总减产概率最小，只有39.89%，这可能与宁夏回族自治区稻谷生产区域小、产量低相关。另外，天津市、辽宁省、福建省、河南省、湖北省、广西壮族自治区、海南省、贵州省、云南省的受灾性减产的概率均超过20%，云南省最高，达到31.45%，其余省份这一概率主要集中在15%左右。辽宁省、福建省的成灾性减产的概率相对较高，分别是9.68%、7.62%，其他省份大多分布在5%以下。在全国各省份中，稻谷种植发生绝收性减

表 5-3　2004~2011 年各省份稻谷平均减产概率分布

单位：%

省份	没减产概率	总减产概率	减产 (0%, 10%)	减产 [10%, 20%)	减产 [20%, 30%)	减产 [30%, 40%)	减产 [40%, 50%)	减产 [50%, 60%)	减产 [60%, 70%)	减产 [70%, 80%)	减产 [80%, 100%]	受灾性减产概率	成灾性减产概率
全国	50.69	49.31	29.57	10.77	4.41	1.98	0.91	0.53	0.32	0.28	0.53	19.73	4.55
天津市	59.79	40.21	18.56	12.37	5.15	2.06	0.00	0.00	1.03	1.03	0.00	21.64	4.12
辽宁省	52.88	47.12	21.50	8.26	7.68	4.66	1.49	1.41	0.98	0.90	0.24	25.62	9.68
吉林省	50.21	49.79	33.46	9.53	2.99	1.10	0.69	0.46	0.37	0.14	1.06	16.34	3.82
黑龙江省	42.96	57.04	50.45	4.99	0.27	0.36	0.27	0.09	0.18	0.18	0.27	6.61	1.35
上海市	56.04	43.96	35.62	5.37	1.04	0.89	0.15	0.75	0.15	0.00	0.00	8.35	1.94
江苏省	52.13	47.87	34.79	9.51	1.65	0.64	0.43	0.29	0.20	0.06	0.29	13.07	1.91
浙江省	56.31	43.69	29.88	7.51	3.90	0.60	0.15	0.45	0.30	0.15	0.75	13.81	2.40
安徽省	50.25	49.75	31.07	12.19	3.51	1.41	0.48	0.24	0.14	0.10	0.61	18.68	2.98
福建省	49.28	50.72	27.03	10.51	5.55	2.92	1.70	1.00	0.41	0.41	1.18	23.68	7.62
江西省	50.13	49.87	32.15	10.35	3.44	1.68	0.95	0.45	0.19	0.24	0.43	17.73	3.94
山东省	48.54	51.46	41.84	7.32	1.46	0.63	0.00	0.00	0.00	0.00	0.21	9.62	0.84
河南省	53.23	46.77	26.08	13.98	3.76	1.34	0.00	0.00	0.27	0.00	1.34	20.69	2.95
湖北省	52.08	47.92	25.27	13.13	5.14	2.35	0.73	0.48	0.27	0.29	0.27	22.66	4.39
湖南省	50.65	49.35	30.80	10.91	4.57	1.38	0.21	0.46	0.29	0.34	0.38	18.54	3.06

续表

省份	没减产概率	总减产概率	减产(0%, 10%)	减产[10%, 20%)	减产[20%, 30%)	减产[30%, 40%)	减产[40%, 50%)	减产[50%, 60%)	减产[60%, 70%)	减产[70%, 80%)	减产[80%, 100%]	受灾性减产概率	成灾性减产概率
广东省	48.95	51.05	31.95	10.98	4.01	1.96	1.10	0.33	0.38	0.05	0.29	19.10	4.11
广西壮族自治区	47.26	52.74	27.63	13.30	6.20	2.54	1.46	0.58	0.34	0.32	0.37	25.11	5.61
海南省	51.21	48.79	28.74	11.01	6.54	1.25	0.36	0.54	0.09	0.00	0.27	20.06	2.51
四川省	51.67	48.33	28.94	9.52	4.17	1.97	1.17	0.65	0.48	0.60	0.84	19.40	5.71
贵州省	51.32	48.68	27.68	10.57	4.16	2.56	1.40	0.61	0.58	0.34	0.79	21.01	6.28
云南省	46.49	53.51	22.06	16.22	8.61	3.34	1.32	0.91	0.24	0.17	0.64	31.45	6.62
重庆市	56.06	43.94	30.41	7.25	3.55	1.22	0.71	0.20	0.15	0.15	0.30	13.53	2.73
陕西省	52.00	48.00	29.33	10.25	4.17	1.92	1.17	0.33	0.17	0.42	0.25	18.68	4.26
宁夏回族自治区	60.11	39.89	32.51	4.64	0.55	0.55	0.27	0.55	0.27	0.27	0.27	7.37	2.18

注：1. 表中"没减产概率"包括产量不变和增产的概率。

2. 总减产概率是减产分布在（0%, 100%]的总概率；减产分布在 [10%, 100%] 的概率为受灾性减产概率；减产分布在 [30%, 100%] 的概率为成灾性减产概率；减产分布在 [80%, 100%] 的概率为绝收性减产概率。

资料来源：根据原农业部全国农村固定观察点产量数据整理计算得到。

产的概率相对较低，只有吉林省、福建省、河南省这一概率超过 1%。从减产概率分布情况来看，福建省的总减产概率、受灾性减产概率、成灾性减产概率、绝收性减产概率在各个省份中都相对较高，考虑到福建省是我国稻谷主产区之一，因此需要进一步加强对福建省稻谷种植风险的控制与管理，做好相应受灾防范措施。

四、大豆平均减产概率分布

如表 5-4 所示，从全国层面来看，大豆种植总减产概率相对较低，为 47.44%，但是在不构成受灾的减产区间（0%，10%）中其概率相对较低，只有 16.02%，也就意味着在减产中有很大一部分会发生受灾性以上的减产，从测算结果来看，全国大豆种植受灾性减产的概率达到 31.42%，这意味着将近 1/3 的可能性会发生受灾性减产。同时也可以看到，成灾性减产概率和绝收性减产概率也较高，分别达到 13.72%、1.08%。在测算的全国 26 个省份中，有江苏省、安徽省、湖北省、广西壮族自治区、四川省、贵州省、陕西省、青海省 8 个省份的总减产概率大于 50%，其中最高的是贵州省（53.36%）。而在受灾性减产的概率只有 12 个省份超过 30%，可见全国种植大豆发生受灾性减产的概率比较大，贵州省和陕西省大豆种植受灾性减产的概率更高，达到 40% 以上。同样贵州省和陕西省大豆种植的成灾性减产概率和绝收性减产概率也相对其他省份较高。而其他省份的成灾性减产概率和绝收性减产概率差异较大。

由表 5-1 至表 5-4 可知，从全国层面整体考察小麦、玉米、稻谷、大豆 4 种粮食作物平均减产概率分布情况。从测算结果来看，小麦、玉米、稻谷 3 种作物在各减产区间段的概率分布相近，这 3 种作物发生概率较高的减产程度区间主要集中在（0%，10%）、[10%，20%）、[20%，30%），概率大约分别为 25%、10%、5%，而在其他减产区间概率分布均小于 5%。玉米除了在（0%，10%）减产程度区间发生概率小于小麦和稻谷外，在其余区间发生概率均大于它们，说明玉米在 3 种主粮作物中发生高减产程度的概率较大。大豆作物发生概率较高的减

单位：%

表5-4 2004~2011年各省份大豆平均减产概率分布

省份	没减产概率	总减产概率	减产 (0%, 10%)	减产 [10%, 20%)	减产 [20%, 30%)	减产 [30%, 40%)	减产 [40%, 50%)	减产 [50%, 60%)	减产 [60%, 70%)	减产 [70%, 80%)	减产 [80%, 100%]	受灾性减产概率	成灾性减产概率
全国	52.56	47.44	16.02	10.37	7.33	5.17	3.33	1.85	1.44	0.85	1.08	31.42	13.72
河北省	52.93	47.07	16.16	11.70	7.07	2.79	3.06	2.10	1.31	1.48	1.40	30.91	12.14
山西省	50.95	49.05	12.99	9.95	7.13	6.14	4.73	2.54	2.89	0.92	1.76	36.06	18.98
辽宁省	54.04	45.96	17.84	10.23	6.90	4.04	2.87	1.75	1.17	0.47	0.70	28.13	11.00
吉林省	54.93	45.07	17.79	12.04	8.03	2.83	1.28	1.09	1.09	0.55	0.36	27.27	7.20
黑龙江省	58.25	41.75	15.06	7.50	5.25	7.88	3.66	0.40	1.18	0.14	0.66	26.67	13.92
上海市	61.11	38.89	25.00	11.11	0.93	0.00	0.00	0.93	0.00	0.00	0.93	13.90	1.86
江苏省	49.89	50.11	21.04	12.43	7.33	4.00	2.15	1.05	0.44	0.57	1.10	29.07	9.31
浙江省	51.40	48.60	14.25	9.50	8.94	5.31	4.75	3.07	0.84	1.40	0.56	34.37	15.93
安徽省	47.54	52.46	19.02	12.52	7.88	4.71	3.05	2.15	1.02	0.89	1.22	33.44	13.04
福建省	56.14	43.86	16.19	9.66	5.22	4.96	3.13	1.04	2.35	1.04	0.26	27.66	12.78
江西省	57.25	42.75	12.98	8.40	8.78	5.34	4.58	0.76	1.15	0.38	0.38	29.77	12.59
山东省	54.49	45.51	24.06	9.86	6.09	2.90	1.45	0.87	0.29	0.00	0.00	21.46	5.51
河南省	51.76	48.24	17.68	10.38	8.07	4.16	2.43	1.09	0.77	1.47	2.18	30.55	12.10
湖北省	49.40	50.60	14.28	10.46	8.15	5.16	5.23	2.24	2.62	1.35	1.12	36.33	17.72

续表

省份	没减产概率	总减产概率	减产(0%, 10%]	减产[10%, 20%)	减产[20%, 30%)	减产[30%, 40%)	减产[40%, 50%)	减产[50%, 60%)	减产[60%, 70%)	减产[70%, 80%)	减产[80%, 100%]	受灾性减产概率	成灾性减产概率
湖南省	60.58	39.42	13.33	9.57	7.83	4.35	1.74	1.16	0.58	0.00	0.87	26.10	8.70
广东省	65.60	34.40	16.80	4.80	4.80	3.20	3.20	0.80	0.80	0.00	0.00	17.60	8.00
广西壮族自治区	47.82	52.18	12.51	10.70	9.47	6.17	4.61	3.87	3.05	0.91	0.91	39.69	19.52
海南省	54.55	45.45	30.68	9.09	4.55	0.57	0.00	0.00	0.00	0.57	0.00	14.78	1.14
四川省	49.90	50.10	12.89	11.43	9.37	6.78	3.46	2.92	1.53	1.00	0.73	31.22	16.12
贵州省	46.64	53.36	13.00	11.36	7.77	7.32	3.14	3.59	2.39	1.79	2.99	40.35	21.22
云南省	66.50	33.50	12.86	8.74	4.37	3.88	2.43	0.49	0.73	0.00	0.00	20.64	7.53
重庆市	61.10	38.90	16.29	7.40	6.33	3.63	2.15	1.35	1.35	0.27	0.13	22.61	8.88
陕西省	47.55	52.45	11.27	10.12	8.53	6.30	5.92	3.88	2.23	2.16	2.04	41.18	22.53
甘肃省	56.33	43.67	9.82	9.04	4.13	5.94	4.65	4.13	3.10	1.03	1.81	33.83	20.66
青海省	48.13	51.87	18.91	12.92	10.11	4.87	2.06	1.12	0.56	0.56	0.75	32.95	9.92
新疆维吾尔自治区	77.97	22.03	10.17	7.63	2.54	0.85	0.85	0.00	0.00	0.00	0.00	11.87	1.70

注：1. 表中"没减产概率"包括产量不变和增产的概率。

2. 总减产概率是减产分布在（0%, 100%]的总概率；减产分布在[10%, 100%]的概率为受灾性减产概率；减产分布在[30%, 100%]的概率为成灾性减产概率；减产分布在[80%, 100%]的概率为绝收性减产概率。

资料来源：根据原农业部全国农村固定观察点产量数据整理计算得到。

产程度区间主要集中在（0%，10%）、[10%，20%）、[20%，30%）；但是相对3种主粮作物，大豆如果发生减产，其减产程度通常比较高，例如大豆发生在减产程度[30%，40%）、[40%，50%）区间内大的概率分别达到了5.17%、3.33%；同时其发生绝产（减产程度在[80%，100%]）的概率超过了1%。本书还对全国各个省份的4种作物减产概率分布进行了测算①，同样也可以发现各省份4种粮食作物减产程度发生在30%以下的概率较大，分布于80%的概率非常小。

第三节　气象指数保险基本可保性评价

从测算的整体情况来看，虽然各作物减产概率分布存在差异，但是全国以及各个省份4种粮食作物发生概率较大的减产程度主要集中于30%以下，由于这部分风险发生比较频繁，可能不适合于采用要求风险发生率较低的农业保险。另外，对于绝产区间[80%，100%]，虽然发生概率相对较小，但是由于需要赔偿损失过大，当遇到这类灾害损失时，保险公司可能会有较大亏损，并且产量保险的赔偿金只够用于恢复生产，农户生活消费将会受到较大影响（大灾过后，农户生活可能遇到困难，尤其是只依靠农业经营生活的农户），在这种情况下政府应该进行相应的救灾以及救济。为了避免道德风险以及满足保险的可保性，通常农业保险都会有一定免赔范围，国际上这类多风险性的农业保险赔偿责任会定在损失率30%以上（Antón et al.,2013）②。如果把减产30%及以上作为保险标的，从上文测算出来的减产概率分布来看发生概率并不是很高（大约为5%），这样看来符合保险对于发生概率的要

---

① 我国幅员辽阔，各省自然地理环境各不相同，因而其种植的作物也存在差异，同时由于固定观察点选取的原因，在测算4种粮食作物减产概率分布时不能涵盖每个省份。最终测算出20个省份的小麦平均减产概率分布、26个省份的玉米平均减产概率分布、23个省份的稻谷平均减产概率分布以及26个省份的大豆平均减产概率分布。

② 这是世界贸易组织《农业协定》中规定的绿色保险补贴的必要条件。

求，如图 5-1 所示。

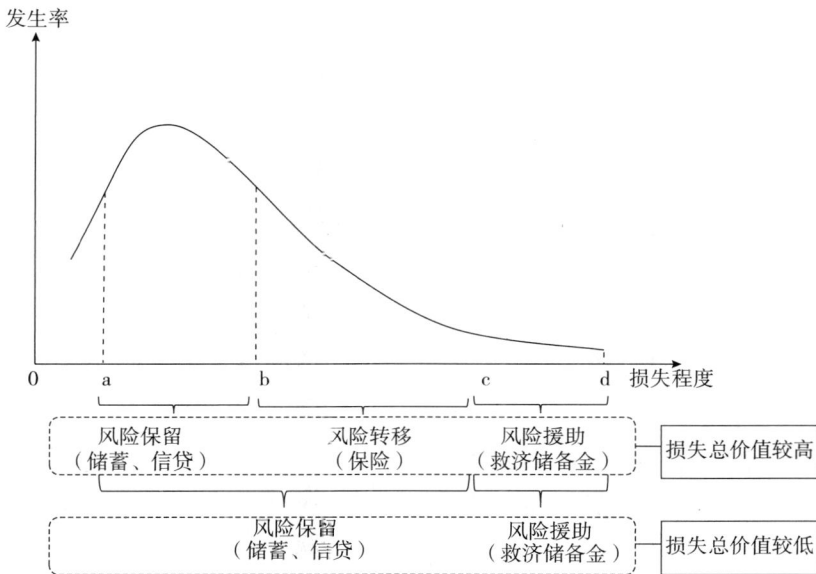

图 5-1　损失发生概率与风险管理工具选择

资料来源：在 Mahul 和 Stutley（2010）的研究基础上改进得到。

气象指数保险作为保险的基本可保性条件除了对灾害减产发生概率有要求外，还需要看标的物损失总价值。这一总价值不仅需要从绝对量（直接损失价值）来考察，还需要从相对量（经营多元化程度）来考察。首先，从绝对量来考察。虽然随着农业现代化的发展近些年来国内开始不断出现大规模经营的新型农业经营主体，但是由于我国农村地区"人多地少"禀赋，我国农业生产仍然以小规模生产经营为主。目前我国农户的户均耕地面积不到 10 亩[①]，而从上文样本统计来看，全国种植小麦、玉米、稻谷、大豆的农户户均播种面积分别为 3.95 亩、5.57 亩、4.66 亩、2.09 亩 /8.5 亩（统计样本分别包含和不包含黑龙江省），4 种作物平均下来播种面积只有 5 亩左右。气象指数保险保障范围如果只包括种植的物

[①]　即使是农户年均经营面积也只有 10.64 亩。资料来源：根据原农业部农业经济研究中心全国农村固定观察点相关数据统计得到。

化成本（目前政策性保险保障的平均物化成本为 400 元左右^①），那么即使绝产全赔偿金额也只有 2000 元左右（这是最多的赔偿，获得此赔偿额的概率不到 1%）。可以看出，由于目前我国农户仍然以小规模农户为主，因而保险的标的物总价值并不高，这会影响到气象指数保险的可保性以及保险的分散风险能力。其次，从相对量来考察，目前我国农户通常会进行多元化经营，参加非农就业（2011 年非农就业比重高达 64.79%^②），收入呈现多元化（2009~2011 年参加农业保险获得赔偿农户的农业经营收入只占家庭全年净收入的 17.86%^③），而农业收入比重在逐渐下降，因此作物损失的总价值对于农户来说相对较低。综上所述，不论是作物损失价值的绝对量还是相对量都相对较低，因而不满足保险对于标的物价值较高的要求。虽然在一定损失区间内我国 4 种粮食作物发生减产的概率较低，但是由于受到农户规模以及多元化经营的影响，气象指数保险所保障的标的物总价值不高，这样就会降低气象指数保险的可保性。

第四节　本章小结

气象指数保险是否可行首先需要分析其基本的可保性，基于此，本章首先对我国 4 种粮食作物减产概率分布进行测算，然后对其作为财产保险的基本可保性（小概率、大损失）进行分析。分析结果发现，全国以及各省份 4 种粮食作物减产概率分布比较集中在减产 30% 以下区间内，而减产幅度在 30%~80% 的概率并不高，符合保险可保条件中对于小概率事件的要求；但是由于目前我国农业发展现状，即农户种植经营规模小且农户多采取多元化经营参与非农就业，损失作物总价值（包括绝对价值和相对价值）较低，这不能满足保险对于标的物受损价值较高的可

---

① 资料来源：根据目前我国各省农业保险条款中规定的保险金额计算得到。
②③ 资料来源：根据原农业部农业经济研究中心全国农村固定观察点相关数据统计得到。

保条件，最终综合考虑保险可保性中对于灾害事件概率和损失程度的要求，发现目前我国农业自然生产条件和经营状况开展气象指数保险不符合保险的基本可保条件。

第六章
气象指数保险减产系统性可保性分析

　　从第五章的分析中可以看到，目前我国种植业保险存在许多问题，无论是风险管理目标的实现还是收入支持目标的实现都存在较大问题，并且农民参与的积极性也不高。近年来，我国农业保险不断出现创新，例如有一些地区开始试点实行气象指数保险，气象指数保险是否可以实现现行种植业保险不能实现的风险管理功能？虽然在理论上气象指数保险可以节省很多经营管理费用，能够提高赔偿额，但是气象指数保险与生俱来的基差风险，给其风险管理功能的实现带来了挑战。气象指数保险是一种针对系统性风险的保险品种，我国各地区不同作物的区域内的系统性风险是否足够大，决定了气象指数保险相关功能的实现，关系到其是否可以在我国实行。如果系统性风险较小，就会产生比较严重的基差风险，会出现怎样的基差风险？其大小又如何？基于此，本章首先对我国种植业系统性风险以及基差风险进行测算和分析。其次模拟对比现行农业保险与气象指数保险的赔偿情况，并对气象指数保险进行评价。最后基于气象指数风险管理功能实行情况的评价，进一步对气象指数保险政策目标定位做出评价，并总结出完善种植业保险制度的方向。

第一节　种植业减产系统性测算方法

一、县域作物减产系统性测算方法

由于本书采用的是农户层面的数据，因此可以较为直观地对区域内的系统性风险进行测度，在测算中可以设定不同的产量损失程度，之后计算出每个村庄某种作物在不同产量损失程度下的系统性风险。具体计算公式如式（6-1）所示。

$$U_j^x = \frac{S_j^x}{S_j} \times 100\% \qquad (6\text{-}1)$$

式（6-1）中，U_j^x 为某村庄在损失率为 x[①] 时的 j 种作物系统性风险，S_j^x 代表该村庄种植 j 种作物并且损失率达到 x 的农户数，S_j 代表村庄内种植 j 种作物的农户总数。在现实中灾害往往具有一定的周期性，因此为了提高研究的准确性本书中采用的均是 2004~2011 年的面板数据，S_j^x 代表的是某村庄 2004~2011 年所有种植 j 种作物并且损失率达到 x 的农户数，S_j 代表村庄内 2004~2011 年所有种植 j 种作物的农户总数。某一村庄 U_j^x 越大，说明该村农户受灾在 x 水平上减产的统一性越强，实行气象指数保险时产生的误差就会越小；相反，某一村庄 U_j^x 越小，说明该村农户受灾在 x 水平上减产的统一性越弱，实行气候指数保险则产生的误差就会越大。

县域层面的系统性风险与村级相类似，用式（6-2）计算得到。

$$V_j^x = \frac{N_j^x}{N_j} \times 100\% \qquad (6\text{-}2)$$

式（6-2）中，V_j^x 为某一个县在损失率为 x 时的 j 种作物系统性风险，

---

① 本书中将损失率分别设定为 _0%、20%、30%、40%、50%、80% 进行测算。

N_j^x 代表该县域范围内种植 j 种作物并且损失率达到 x 的农户数，N_j 代表县域范围内种植 j 种作物的农户总数。由于本书所用的原农业部全国固定观察点数据，通常都是在某一个县域内选取地理环境和经济条件具有代表性的样本村进行调查，而不是对整体县域农户进行调查，所以本书无法准确计算出县域层面的作物系统性风险。因此本书只能通过对县域内样本村进行村级层面的系统性风险测算，然后用这一样本村的系统性风险代表县域系统性风险。由于县域比村域范围广，通常情况下 $U_j^x > V_j^x$，即村庄范围内的系统性风险要大于县域范围内的系统性风险。如果测算出的村级层面的系统性风险都非常小，那么县域系统性风险将更小，也就是说，大范围内的农户受灾减产的同步性要差于小范围内的同步性。本书主要目的是研究县域范围内农户受灾减产的同步性即县域系统性风险是否足够大，如果较大的话，实行区域性的保险时所产生的误差就比较小。基于此，用村级层面系统性风险代替县域系统性风险是较为合理的。

在测算出代表县域系统性风险（用县内样本村系统性风险代表）后，每个省份县域各种作物的平均系统性风险是将该省内所有县域的系统性风险进行算数平均得到。如果一个省某种作物县域平均系统性风险较小，那说明实行区域性保险如气象指数保险所产生的误差就会比较大，可能不适合实行气象指数保险。

为了说明全国县域系统风险的整体分布情况，下面将采用概率分布的形式进行测度，具体计算县域系统风险值分布概率的方法如式（6-3）所示。

$$Q_j^{x,q} = \frac{M_j^{x,q}}{M_j} \times 100\% \qquad (6-3)$$

式（6-3）中，$Q_j^{x,q}$ 表示当损失率为 x 时，全国各个县种植 j 种作物系统性风险值分布在 q 区间的概率，损失率 x 同样设定为 10%、20%、30%、40%、50%、80%；而将系统性风险值分布的区间 q 划分为（0%，10%）、[10%，20%）、[20%，30%）、[30%，40%）、[40%，50%）、[50%，60%）、[60%，70%）、[70%，80%）、[80%，90%）、[90%，100%] 10 个区间。式（6-3）中，$M_j^{x,q}$ 代表当损失率为 x 时，全国 j 种作物系统性风险值分布在 q 区间内的样本县总数；M_j 代表全国种植 j 种作物的样本县总数。

二、数据说明

本章采用的数据主要有两个来源，一个是原农业部全国农村固定观察点微观农户各种农作物的单产数据，另一个是全国农村固定观察点村庄所在县的各种农作物单产数据。农户数据与第五章中采用的数据相同，相关数据统计在此省略。由于需要计算县级各种作物的预期产量，因此同样需要县级连续性产量数据，本书采用2004~2011年连续8年县级农作物单产数据。之后通过对农村固定观察点村庄农户作物产量数据与县级农作物数据库中县级作物产量进行匹配和筛选，最终确定145个小麦样本县、208个玉米样本县、157个稻谷样本县、152个大豆样本县来进行相关系统性风险和空间基差风险的模拟测算。

第二节 作物减产系统性测算结果及分析

现行农业保险由于是人工实地勘测定损，其发生误差的概率很小。但是气象指数保险是一种区域性的保险，一个地区要么全部赔偿要么全部不赔偿，这样就会产生偏差；如果在特定区域内作物受灾的同步性（即系统性）较好，采用气象指数保险的误差就会越小，否则将会出现较大问题。因此有必要对各地区作物的系统性风险进行测算。

目前我国实行的农业保险都是按照省级行政单位来推广实施的，即各个保险公司在同一个省的农业保险条款与补贴政策基本一致。基于此，下面将分省份对4种粮食作物的系统性风险进行测算，在省域范围内各种农作物的县域系统性风险如果越强，其在实施气象指数保险时所产生的误差就会越小，反之误差就会越大。

一、小麦减产系统性

从测算出的结果来看（见表6-1），当小麦受灾损失率为10%时，在全国县域种植小麦的系统性风险为19.24%，意味着如果一个县受灾只有19.24%的农户受灾损失率超过10%；另外需要注意的是，还有将近80%的农户受灾减产程度达不到10%。这样看来，在损失率为10%的情况下全国县域平均系统性是相对较小的，如果实行的气象指数保险在损失率为10%时开始赔偿，则会出现近80%的误差率，如此大的误差可能会使保险公司无法运营下去。当损失率为20%时，县域系统性风险就下降到9.38%，如果保险公司在这一损失率上赔偿时产生的误差就会更大，但如果不赔偿的话，则会有9.38%的农户受到损失率为20%以上的灾害，但没有被理赔，这同样也是误差。随着损失率上升，县域内的系统性风险会不断下降，经过测算，当损失率分别达到30%、40%、50%、80%时，全国县域层面小麦种植平均系统性风险分别是5.01%、3.13%、2.07%、0.78%。分省份来看，当损失率为10%时，测算的17个省份中县域平均系统性风险超过20%的有7个，分别是山西省、湖北省、贵州省、云南省、甘肃省、青海省、宁夏回族自治区；其中最高的省份是云南省，但其系统性风险也只有33.06%，依然相对较小。如果将损失率定为20%，小麦种植县域系统性风险超过10%的有7个省份，分别是山西省（14.33%）、湖北省（11.77%）、贵州省（16.72%）、云南省（20.50%）、陕西省（10.16%）、甘肃省（16.48%）、青海省（18.37%）。在其他损失率下不同省份县域系统性风险也存在较大差异，但总的来看各损失率下的系统性风险都比较低。

表6-1 全国各省份小麦种植县域系统性风险

单位：%

省份	损失10%	损失20%	损失30%	损失40%	损失50%	损失80%
全国	19.24	9.38	5.01	3.13	2.07	0.78
河北省	15.40	6.44	3.24	1.50	0.90	0.18
山西省	25.39	14.33	8.46	5.64	3.23	0.48

续表

省份	损失 10%	损失 20%	损失 30%	损失 40%	损失 50%	损失 80%
上海市	4.85	0.91	0.34	0.34	0.00	0.00
江苏省	11.12	2.23	0.42	0.29	0.23	0.18
安徽省	14.41	6.22	3.19	1.86	1.38	0.70
山东省	14.61	5.42	3.79	3.45	2.80	1.16
河南省	18.87	7.39	2.94	1.90	1.48	0.96
湖北省	22.40	11.77	5.08	2.82	1.48	0.95
四川省	19.62	9.65	4.80	2.48	1.28	0.38
贵州省	21.87	16.72	14.75	11.36	9.68	6.16
云南省	33.06	20.50	12.79	7.68	3.96	0.41
重庆市	9.02	1.58	0.00	0.00	0.00	0.00
陕西省	19.73	10.16	4.92	2.86	2.04	0.56
甘肃省	28.33	16.48	10.04	6.86	3.94	1.14
青海省	33.11	18.37	10.96	6.48	4.88	0.31
宁夏回族自治区	20.18	8.11	4.10	2.21	1.16	0.62
新疆维吾尔自治区	17.54	5.95	1.65	0.87	0.70	0.59

资料来源：根据原农业部全国农村固定观察点相关数据整理计算得到。

二、玉米减产系统性

当损失率在 10%、20% 水平上时全国平均县域玉米种植县域系统性风险分别为 23.74%、12.60%，损失率为 30%、40%、50%、80% 时的系统性风险依次递减，如表 6-2 所示，同样可以看出玉米种植的系统性风险也相对较低，在同一县域内发生灾害的统一性不强。分省份来看，在测算的 23 个省份中有 4 个省份种植玉米平均县域系统性风险超过 30%，同时有 15 个省份玉米种植系统性风险超过 20%，其余省份均在 10% 以上。从中还可以发现，在我国西南地区一些省份如广西壮族自治区、贵州省、云南省等的玉米种植县域系统性风险相对其他地区省份要大。当损失率达到 20% 时，没有省份的县域系统性风险大于

20%，多数省份（15个）的县域系统性风险会大于10%小于20%，最大的是北京市，达到19.88%，最小的省份是山东省，只有6.58%。当损失率达到30%时，大部分省份种植玉米县域系统性风险都低于10%，最小的是山东省（3.31%）。当损失率达到80%时，大部分省份种植玉米县域系统性风险都低于1%。在各个损失率下，北京市的玉米种植县域系统性风险相对其他省份较高，说明北京市种植的玉米受灾减产的县域系统性风险相对较高。

表6-2　全国各省份玉米种植县域系统性风险

单位：%

省份	损失10%	损失20%	损失30%	损失40%	损失50%	损失80%
全国	23.74	12.60	7.20	4.10	2.72	0.83
北京市	30.35	19.88	14.77	12.30	8.69	3.70
天津市	12.35	6.73	3.97	1.33	0.53	0.18
河北省	16.90	7.05	3.43	2.08	1.62	0.60
山西省	22.34	12.13	8.00	4.15	2.75	0.35
内蒙古自治区	23.39	16.39	10.80	1.14	0.00	0.00
辽宁省	31.53	19.59	10.35	3.77	1.77	0.56
吉林省	28.28	14.42	7.91	4.86	3.62	1.69
黑龙江省	18.54	6.96	2.21	1.20	1.00	0.34
江苏省	18.26	10.23	6.21	3.56	1.71	0.09
安徽省	18.57	12.50	8.38	6.24	4.50	1.85
山东省	17.50	6.58	3.31	1.74	1.37	1.17
河南省	22.77	9.98	5.31	3.58	2.79	1.01
湖北省	22.98	13.12	6.98	3.66	2.35	0.42
湖南省	15.07	7.03	3.39	1.38	1.00	0.25
广西壮族自治区	23.06	13.98	8.98	6.26	3.03	0.28
四川省	26.14	15.70	9.89	5.55	3.67	0.50
贵州省	25.98	13.61	7.85	4.24	1.74	0.17

续表

省份	损失 10%	损失 20%	损失 30%	损失 40%	损失 50%	损失 80%
云南省	31.55	16.41	9.21	4.94	3.17	0.62
重庆市	20.02	10.42	6.07	4.28	3.57	2.29
陕西省	29.40	15.50	8.50	5.01	3.18	0.76
甘肃省	32.68	17.98	9.55	5.42	3.10	0.64
宁夏回族自治区	21.56	9.18	3.77	2.31	1.74	0.55
新疆维吾尔自治区	15.45	9.46	5.29	2.78	1.98	0.53

资料来源：根据原农业部全国农村固定观察点相关数据整理计算得到。

三、稻谷减产系统性

从表 6-3 中可以看到，当稻谷损失率为 10% 时，在全国范围内县域系统性风险为 17.94%，而损失率上升至 20% 时，县域系统性风险下降很快，只有 8.09%，当损失率为 30%、40%、50%、80% 时，全国系统性风险分别为 4.12%、2.37%、1.64%、0.52%。从全国来看，稻谷种植在各个县域内受灾的同步性也不高。下面分别看各个省县域系统性风险，当损失率为 10% 时，全国种植稻谷县域系统性风险最高的是辽宁省，达到 34.05%；上海市最低，只有 5.08%。其余测算出来的省份县域系统风险主要分布在 10%~25%。当损失率达到 20% 时，大部分省份的县域系统性风险降到 10% 以下，最高的省份为辽宁省，其平均县域系统性风险为 25.55%。当损失率为 30% 时，各省份的县域系统性风险大部分在 5%以下。而当损失率达到 80% 时，各省份的县域系统性风险基本都降低到1% 之下。同时还可以发现在各个损失率水平下辽宁省稻谷种植县域系统性风险都相对较大，说明辽宁省稻谷生产时遇到灾害损失的同步性相对较高。

表 6-3　全国各省份稻谷种植县域系统性风险

单位：%

省份	损失 10%	损失 20%	损失 30%	损失 40%	损失 50%	损失 80%
全国	17.94	8.09	4.12	2.37	1.64	0.52
辽宁省	34.05	25.55	15.46	7.75	5.35	0.31
吉林省	14.72	6.87	3.37	2.37	1.72	1.05
黑龙江省	7.97	3.43	3.25	1.79	0.80	0.17
上海市	5.08	1.79	1.07	0.70	0.58	0.00
江苏省	14.71	4.54	2.61	1.82	1.09	0.27
浙江省	12.15	5.81	2.41	1.68	1.62	1.09
安徽省	17.91	5.28	2.47	1.23	0.86	0.46
福建省	20.81	11.17	4.70	2.80	1.87	0.49
江西省	15.92	7.36	3.69	2.20	1.36	0.48
湖北省	22.63	9.75	4.77	2.30	1.47	0.27
湖南省	16.72	7.28	3.48	1.75	1.52	0.32
广东省	18.20	7.36	3.90	2.30	1.39	0.45
广西壮族自治区	23.04	10.55	5.19	2.74	1.45	0.31
海南省	21.06	9.57	2.60	1.12	0.74	0.22
四川省	18.77	9.56	5.76	3.89	3.22	0.91
贵州省	23.00	11.70	7.54	4.67	2.84	0.95
云南省	29.85	13.16	5.48	2.83	1.71	0.57
重庆市	13.48	5.98	2.47	1.31	0.92	0.34
陕西省	20.61	9.26	4.75	2.77	1.84	0.54

资料来源：根据原农业部全国农村固定观察点相关数据整理计算得到。

四、大豆减产系统性

当损失率为 10% 时，全国层面的大豆种植县域系统性风险为 23.25%，这一系统性依然较低；当损失率为 20% 和 30% 时，大豆种植的系统性风险相对于其他三种作物都高，均超过了 10%，分别达到 15.78%、10.35%；当损失率为 80% 时，大豆系统性风险只有 0.92%（见

表6-4）。从各省份大豆种植系统性风险来看，当损失率为10%时，在测算出来的20个省份□有13个省份的大豆种植县域系统性风险在20%以上，其中陕西省的最高，达到35.16%。当损失率为20%时，大部分省份的系统性风险在15%以上，但最小的是山东省，仅有7.04%。还有8个省份种植大豆县域系统性风险在损失率为30%时超过10%。而当损失率超过30%时各省份大豆种植系统性超过10%的很少。而当损失率为80%时，江西省、山东省、云南省大豆种植的系统性风险基本都为0。

表6-4　全国各省份大豆种植县域系统性风险

单位：%

省份	损失10%	损失20%	损失30%	损失40%	损失50%	损失80%
全国	23.25	15.78	10.35	6.59	4.23	0.92
河北省	23.57	13.62	7.88	5.94	3.67	0.95
山西省	24.72	17.32	9.12	6.43	4.02	1.15
辽宁省	28.06	16.71	9.75	5.52	3.73	1.27
吉林省	14.06	8.19	4.38	2.96	2.43	0.21
黑龙江省	20.65	15.17	11.02	4.77	2.48	0.66
江苏省	22.27	9.40	5.37	3.24	2.06	0.91
浙江省	32.62	25.32	16.77	11.01	6.56	0.57
安徽省	23.45	16.89	12.23	6.62	4.09	1.98
福建省	16.53	10.71	6.58	4.88	3.16	0.38
江西省	21.49	15.11	9.21	5.07	1.55	0.00
山东省	14.07	7.04	3.17	1.27	0.48	0.00
河南省	18.13	11.45	7.60	4.84	2.46	1.00
湖北省	25.55	16.97	11.47	7.88	4.69	0.67
湖南省	20.06	15.26	7.29	3.00	2.28	1.20
广西壮族自治区	30.44	23.39	16.05	11.68	8.75	0.73
四川省	28.38	20.56	13.09	9.59	7.30	1.05
云南省	16.01	8.47	4.92	2.42	0.70	0.00
重庆市	16.89	10.93	6.43	3.34	2.18	0.33
陕西省	35.16	25.16	19.09	13.35	8.70	1.58

省份	损失 10%	损失 20%	损失 30%	损失 40%	损失 50%	损失 80%
甘肃省	19.47	13.02	10.78	7.77	5.42	0.94

资料来源：根据原农业部全国农村固定观察点相关数据整理计算得到。

整体对比全国小麦、玉米、水稻、大豆的平均县域系统性风险发现，4 种粮食作物在各损失率水平下系统性风险均相对较小。在损失率为 10%、20%、30% 时，玉米和大豆的县域平均系统性风险较为接近，同时也相对高于小麦、稻谷，而稻谷种植的系统性风险在 3 个损失率水平下都是最低的。在损失率为 80%（统计上的绝收减产水平）时，系统性风险从大到小排列分别是大豆、玉米、小麦、稻谷。在全国层面以及各省份 4 种作物种植的县域系统性风险值在不同损失率水平下都普遍较低，可以初步判断，如果实行类似于气象指数保险的区域性保险，出现错误的概率相对较大。

上文已对 4 种粮食作物在全国和各省份的平均县域系统性风险值进行了测算和分析，进一步地还可以计算出全国各样本县的县域系统性风险值的分布，这样就可以清晰地看到，在不同损失率情况下全国县域系统性风险主要分布在哪一区间段，对于进一步了解各种作物系统性风险在全国整体分布状况，以及为在全国范围内实行再保险业务提供数据参考。具体计算结果如附表 4 至附表 18 所示。

第三节　气象指数保险减产系统性可保性评价

气象指数保险从最初设计来看主要针对作物受灾时发生的系统性风险，对于这一特殊保险形式，其可保性需要对其针对的系统性风险进行考察。上文已测算出全国以及各个省份 4 种粮食作物县域受灾的系统性，测算结果发现，不论是从全国平均水平来看还是从各个省份的平均水平来看，县域作物受灾的系统性都不强，这也就意味着农户的个体风险在风险总比重中占比较大，而气象指数保险需要尽量避免个体风险，否则会产生较大误差，会导致该获得赔偿的农户获得不了，不该获得的农户却获得赔偿。这直接影响到气象指数保险的信用，并且会逐渐促使农户自选择，使该赔偿却没有获得赔偿的农户逐渐退出气象指数保险市场，而不该赔偿却得到赔偿的农户则更多地加入到这一市场当中。这些都会影响到气象指数保险的可持续运行和发展，不符合其当初设计的可保条件。因此，由于目前我国县域作物受灾的系统性不强，使气象指数保险不符合针对系统性风险的可保性条件。

气象指数保险的可保性是其得以持续运行以及实现风险管理目标的必要条件。从上文的分析中可以得出，气象指数保险既不能满足保险的基本可保性条件（小概率、大损失），又不能满足针对系统性风险的可保性条件（要求区域内标的物系统性风险较强）。因而综合来看，气象指数保险在我国不具备可以实施的条件。在这种状态下如果加以实施，一方面可能会出现需求不足状况，即农户面对不能很好地发挥风险管理功能的产品时，购买行为将会逐渐减少；另一方面保险公司可能会面临较大的经营风险。这些都会影响到气象指数保险的可持续经营。因此从我国种植业面临的客观灾害发生状况来看，气象指数保险的可保条件较差。在不满足可保性必要条件的情况下实施气象指数保险，会直接降低风险管理目标实现的可能性。这些情况都说明气象指数保险可以实现风险管理目标的潜力较差。

第四节　本章小结

气象指数保险不仅需要满足普通类保险需要满足的基本可保性条件，还需要满足其自身特征的可保性条件。本章通过计算县域作物减产系统性，对其作为特殊形式保险（针对系统性风险）的可保性进行评价。研究结果发现：全国以及各省份 4 种粮食作物县域减产系统性相对较弱，如果实行针对区域性系统性风险的保险类型会出现较大误差，因此我国县域内受灾系统性情况不能满足气象指数保险可保性的条件。综合上述对气象指数保险有关保险的基本可保性评价以及针对系统性风险的可保性评价，发现气象指数保险在我国不具备可保性条件。因此，气象指数保险的风险管理目标由于保险的可保性不高而不能很好地实现。

第七章
气象指数保险目标定位与中国种植业保险体系构建

第五章、第六章的研究发现，气象指数保险由于不满足可保条件不能很好地发挥风险管理功能，使我国农业保险政策目标无法实现；而气象指数保险在收入支持功能发挥方面具有优势，对于实现收入支持政策目标有潜在的作用。本章基于上文分析，结合农户对农业保险政策的切实需求，探讨将收入支持作为政策目标的可能性。在确定了政策目标之后，寻找我国种植业保险制度创新和完善的思路。

第一节　气象指数保险政策目标定位

要想明确气象指数保险的政策目标定位，不仅需要了解其实施的可保性要求及功能实现，还需要从农业保险参与主体——农户的角度出发，明确农户对于农业保险的需求是什么，之后依据保险功能实现情况和农户的需要来明确政策目标。为了解农户对农业保险的需求，下文将在总结小规模农户（我国目前从事农业生产的农户依然以小规模农户为主）生产特点及风险特点的基础上，通过分析农户在农业风险管理策略上的选择，并结合农户现实中的需求，最终准确定位农户对保险的功能需求。

一、农户现实需求

虽然随着农业现代化的发展，近年来国内开始不断出现大规模经营的新型农业经营主体，但是由于我国农村地区"人多地少"禀赋，使我国农业生产仍然以小规模经营为主。为了更好地理解农户如何进行风险管理策略选择，首先要对我国小规模农户的生产特点以及农业生产风险特点进行了解。在种植面积方面，我国大部分农户所经营耕地面积往往不足 10 亩，种植面积较小；从种植结构来看，小规模农户由于种植面积小，灵活性比较强，种植结构既可以单一化也可以多样化；目前随着我国经济的发展，非农就业机会越来越多，农户出现兼业化和非农化的趋势，通常参与非农就业的都是小规模农户，因此小规模农户收入除了农业收入外，还有非农收入，其来源较为多元化。受到灾害后，小规模农户由于种植面积小，总损失量也相对较小，恢复生产所用资金也相对较少。

基于小规模农户生产以及风险特点，下面将利用成本收益理论分析小规模农户对多样化种植、多元化收入分散风险方式和农业保险分散风险方式的选择（见图 7-1）。农户在选择多样化种植时，防止风险的显性成本基本为零（当然可能会存在一定的机会成本），而发生风险时的收益是受到灾害后未受灾作物的收益 $s \times W$（s 表示发生灾害的概率，W 表示未受灾作物的收益）。农户选择多元化收入防止风险的显性成本同样基本为零，而发生风险时的收益是受到灾害后非农收入 $s \times r \times E$（s 表示发生灾害的概率，r 表示非农收入在家庭收入总比重，E 表示家庭总收入），如果农户采用多样化种植和多元化收入来防止风险，总收益为 $s \times r \times E + s \times W$。如果农户参加农业保险，成本是缴纳的保费 P，收益则是受灾作物获得的赔偿 $s \times C$（s 表示发生灾害的概率，C 表示受损作物获得的赔偿），采用农业保险来防止风险的总收益为 $s \times C - P$。对比一下农户采用传统的多样化种植、多元化收入分散风险方式和农业保险分散风险方式的差异 $(s \times r \times E + s \times W) - (s \times c - p)$，化解得到 $s(r \times E + W - C) + P$。如果非农收入和未受灾农作物获得的收入之和（$r \times E + W$）大于受损作物获得的赔偿金，则采用传统分散风险的方式较好，从我国目前实际情况来看，小规模农户获得的农业保险赔偿 C 非常少，仅是农作物的物化成本，而非农收入往往成为家庭总收入的重要组成部分。因此对于小规模农户在通常情况下 s（r×E+W–C）+P>0，选择传统的分散风险方式要优于农业保险。

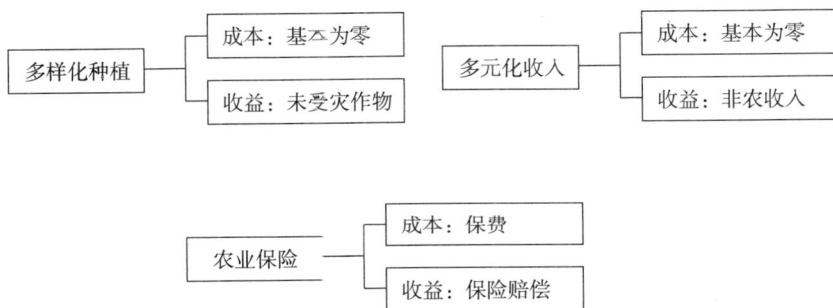

图 7–1　多样化种植、多元化收入及农业保险的成本和收益

资料来源：笔者绘制。

　　上文分析发现，小规模农户通常会采用多种农业经营、进行非农就业来分散风险，一些研究也得出相同结论，例如，Smith（2016）利用农业保险作为分散风险工具的小农户相对较少，因此小规模农户对农业保险风险管理作用的需求较弱。但目前由于小规模农户生产经营方式使其在市场中的竞争力较弱，在生产成本上升的情况下，很多小规模农户很难经营下去，农户对于国家的收入支持需求较大。另外，我国"人多地少"的资源禀赋决定了农业小规模经营的模式将在我国长期存在，我国农业的发展以及粮食安全在很大程度上要依靠小农的发展。尤其是在国际市场上我国农产品贸易面临许多挑战，农业本属于"弱质产业"，如果不对农业尤其是小规模经营的农户进行相应补贴，农户的农业生产将很难维持；但是由于我国加入世界贸易组织后存在一些规则限制，使支持收入的补贴政策无法实施。在这种情况下由于农业保险属于"绿箱政策"，符合世界贸易组织《农业协定》的相应规则，其自身具备财政补贴的灵活性和隐蔽性，成为补贴农业的一项有效措施（庹国柱、李军，

2005）。综上所述，一方面小规模农户对农业保险风险管理作用需求较小；另一方面不论是农户自身还是国家整体都对农业保险发挥收入支持功能的需求较为紧迫。大部分农户对农业保险功能的需求应该是收入支持。

另外，目前我国兴起的大规模农户与传统的小农户不论是在生产特点还是相关生产风险方面都存在较大的区别，因而他们对于农业保险功能的需求会有所不同。大规模农户由于生产规模大，一旦受灾其损失将十分巨大，如果没有相关风险控制手段，会给受灾后的恢复再生产带来很大的挑战。农户通常运用的多种经营和多元化收入来源对于大规模农户是否依然起作用？首先来看多样化生产经营的方式，大规模农户的农业生产经营方式有别于小农户，通常情况下由于规模经济的原因，大规模农户种植作物的品种相对单一，无法像小规模农户一样通过生产经营多样化来分散风险。其次来看收入多元化方式，大规模经营农户的专业化程度比较高，也就意味着农户的收入主要来源于农业，其收入来源单一，通过非农就业等多元化收入来分散风险的可能性较小。因此，大规模农户必须通过其他方法来分散相应的风险，而农业保险所具有的风险管理功能恰好可以满足这一需求，成为大规模农户规避风险的一种重要手段。另外，上文分析了在现实中保险赔偿金对大规模农户的重要性要大于小规模农户，因而农业保险在风险管理方面起到的作用也是大规模农户大于小规模农户。综上所述，大规模农户对于农业保险的功能需求定位应是风险管理。

二、政策目标实现难度分析

将气象指数保险政策目标从风险管理转变为收入支持，政府需要做的工作是寻找一种合理的且可以通过农业保险来补贴农民的办法。这种转变对于政府的要求不高，政府在不增加财政支出的情况下，可以通过改变政策目标，调整补贴方式达到更好支持农业发展的目标，因此政策目标实现难度并不大。

另外还需要说明的是，由于需要削弱农业保险风险管理作用（发挥风险管理作用就要增加实地勘测定损环节，农业保险运营成本会增加，进而减少了对农民的补贴数量），可能需要在某种程度上绕开保险公司，采用其他方式借助农业保险的名义补贴农户，这会使相关农业保险公司利益受损。但实施农业保险的初衷并不是扶持农业保险公司发展，而是稳定农业生产，因此这种转变更加符合实施农业保险的目的。

三、政策目标定位

上文分析了农户对于种植业保险的功能需求的定位，下面将结合农业保险功能实现情况并依据农户对保险的功能需求来为种植业保险的政策目标进行较明晰的定位。种植业保险作为一种政策性较强的保险类型，需要将农户的切实需求和实际情况考虑在内，准确对政策目标进行定位进而才能达到政策预期的效果。从上文的两种农业保险的政策目标评价来看，不论是现行种植业保险还是气象指数保险，将风险管理选定为政策目标都不合适，那么只好将政策目标转变为收入支持。在分析中发现，气象指数保险具有的运营成本低的优势可以加以利用，使收入支持功能得以发挥，因此将我国农业保险政策整体目标定位为收入支持是较好的选择。在政策目标制定中还需要考虑政策实施的可能性，一方面，如果将种植业保险的目标定位为收入支持，作为政策实施主体的农户由于政策满足其切实需求，政策会非常受欢迎，可以顺利实施。另一方面，考虑政府是否可以负担政策需要付出的成本，目前政府对农业保险的补贴已经达到较高的水平，补贴总金额较多，现在将保险目标定位为收入支持，只是在理赔方式方面有所变动，不需要中间的保险公司经营消耗补贴资金，将补贴直接分配给农户，政府不需要额外支付更多的财政资金；这样看来，政策目标的转换实际并没有给政府带来更大的财政负担，因此其可行性较强。政策的转变可能会给农业保险公司带来相关业务的损失，但是政府采取种植业保险政策不是为了扶持农业保险公司，因此对于政策实施目标实现并没有影响。

综上所述，不论是从种植业保险政策实现效果、实施主体的欢迎程度还是从政府实施相关政策的难度和负担来看，将种植业保险的政策目标转变为收入支持都具有较强的可行性。因此本书认为将种植业保险的政策目标定位为收入支持是非常合适的。另外，针对大规模农户对种植业保险风险管理的需求可以考虑制定与上述种植业保险的目标定位相补充的政策，为我国农业现代化发展提供有力的保障。

第二节　改善中国种植业政策保险的措施

一、气象指数保险改进措施

从目前大多数农户的需求来看，他们对于农业保险最大的需求是能够提供收入支持，而上文分析的加强收入支持的最主要方式就是尽可能地减少财政补贴"漏出"。因此在对农业保险进行改善的过程中主要需要解决的问题是如何降低农业保险在运营管理中的成本，以及如何尽可能地将政府补贴转移到投保农户手中。减少财政资金的"漏出"最为直接有效的手段就是将补贴款通过某种方式直接发给农户，但什么时候发给农户、每次发多少，需要采用一定的资金发放机制。下面将具体介绍如何通过农业保险的方式将政府补贴直接发放给农户。

首先为每个农户开设一个单独的银行账户，在银行账户中设置一个单独的部分作为农业保险专用项目，其具体实施方式主要参照借鉴我国城镇居民住房公积金管理办法或是智利失业保险储蓄账户制度的形式（张占力，2011、2012）。农户在自愿的情况下参与此类农业保险，并根据实际参保面积缴纳保险费用，再由中央和地方的财政配套进行保费补贴，这两部分资金合并放入农业保险专用项目账户中，实行专项管理。如果某一年气候出现异常发生灾害，赔付机制被触发，农业保险相应赔付程序也将被激活，银行把农业保险专用账户中释放出的赔偿金（赔偿金额数量需按照保险合同相关规定进行最高领取额度的限定）和政府救灾应急拨款转到农户的普通账户上，这时农户就可以从银行账户中直接提取相应数额的款项来应对灾害损失。保费缴纳时间与现行农业保险相同，按照一定的保险周期缴纳，原则上是"谁缴费谁受益"，如果出现土地转让等情形，之前土地经营者缴纳的保险费以及国家各项保险补贴可以在土地转让时一并取出；土地转入者重新缴纳保费、累计，并享有相关补贴和保障。

保险赔偿的触发机制可以借鉴气象指数保险定灾、定损的方式，将作物损害程度指数化，并以该指数为基础来设计赔付触发机制以及相关的保险合同内容。损害程度指数化意味着保险赔偿不基于实际损失，不需要保险公司理赔人员到田间定损，加之实施此类保险的主要目标是收入支持，因此定损不需要十分精准，只需要建立小规模的管理机构（该机构可以是类似于公积金单设机构，也可以由银行内部设立相关业务部门）。在基本制度确立实施后还可以进一步细化保障水平，在不同保障水平下农户所缴保费和政府补贴也应有所差异，这样可以满足不同风险偏好农户的需求。此时，农业保险主要发挥的是收入支持的功能，在保险责任方面应尽可能利用气象指数保障农业生产中的多种自然风险，例如将降水、气温、风力等多种气象指数纳入保险责任，这样可以增大农户获得赔偿金（收入）的可能性。本书认为这样运行的农业保险是"气象指数储蓄保险"（Colson, Ramirez, Fu, 2014 ; Ramirez, Colson, 2013 ; Stein, Tobacman, 2015）。

采用这样的保险方式具有很多优势，具体表现在以下几个方面：①具有合规性，这样的农业保险设计属于世界贸易组织的"绿箱政策"范畴，符合相关规定，不仅在多边贸易谈判允许的范围内，而且可以和当年播种面积挂钩，在某种程度上可以解决我国在农业发展和农产品贸易方面的矛盾；②具有减损性，气象指数储蓄保险可以不依赖商业保险公司来实施政策性农业保险，在很大程度上可以降低政策性农业保险的运营成本和交易费用，大幅度减少国家农业保险财政补贴的"漏出"；③具有针对性，气象指数储蓄保险不仅可以和作物面积挂钩，而且可以与作物品种相结合，在加强国家粮食安全的背景下，可以首先将粮食作物作为气象指数储蓄保险重要的作物品种，加大对粮食作物保险补贴力度，其他作物的保险可以视情况予以补贴支持；④具有普惠性，气象指数储蓄保险实施的对象既包括主要的小规模农户又包括大规模的种植户，不论规模大小，农户都可以参与此类保险，并从中央和地方得到相应补贴，最终实现对农民普惠性的收入补贴，同时由于建立了农户保险账户，直接将受灾赔偿和补助救济款打到其账户，避免寻租和腐败的产生；⑤具有自愿性，此类保险遵循自愿原则（孙香玉、钟甫宁，2009），谁缴费谁受益，同时由于此类保险是惠民政策，农民会从中得到切实的利益，类似于城镇住房公积金，不需要政府强制实施，农户参与的积极性就会很高。

二、现行种植业保险改进措施

以收入支持为目标的种植业政策保险制度得以建立，现行种植业保险政策是否就将被废止停办呢？实际并非如此，现行种植业保险在风险管理方面的作用对于一些规模较大的农户依然可以起到较大的作用，因此可以继续依托商业性保险公司将现行种植业保险进行相应改进，使其风险管理的功能得到充分的发挥。

在理论上，现行种植业保险风险管理的作用正好可以满足大规模农户的风险管理需求，但在实际中由于现行种植业保险保障水平低，发生灾害后理赔金额在很大程度上不能弥补生产损失（目前种植业保险仅对作物生产过程中产生的物化成本进行保障，但大规模农户在生产过程中产生的成本不仅包括物化成本还包括人力成本）。因此对于现行种植业保险改进的方向主要是如何提高保险的保障水平，使受灾后获得的赔偿可以弥补相应损失。下面将具体介绍针对现行种植业保险的改进措施。由于大规模农户的农业生产方式、农业风险与小规模农户有所差异，因此首先需要保险公司重新测算大规模农户的风险及相应保费率，在相应保障水平下制定出合理的保费标准。之后可以逐步设计出不同保障水平的农业保险条款供农户进行选择，遵循"高保费高赔偿、低保费低赔偿"的原则，将选择权交给农户。政府在加大补贴力度的同时，需要依据不同的保障水平进行差异化补贴。最终使农业保险保障水平得以提高，满足农业风险管理的需要。这类保险实质就是李克强总理在2017年《政府工作报告》中提出的农业"大灾保险"。

　　除了通过增加保费或者政府补贴来提高农业保险保障水平外，在现有保费既定情况下也可以提高农业保险的保障水平，采取的方式是寻找进一步分散风险的方式。目前我国还没有形成全国范围内的农业保险风险分散机制，从国外的经验来看，没有再保险提供风险转移和分散的机制而全面推行政策性农业保险是很危险的（李军、段志煌，2004）。在许多发达国家都构建了再保险系统，比如美国政府通过《标准再保险协议》（Standard Reinsurance Agreement，SRA）对农业保险公司进行再保险；日本政府向农户提供兜底式终级再保险；加拿大也为各联邦的农业保险提供再保险。再保险可以使政府和保险公司共同分担保险项目的盈亏风险，是分散农业保险风险的有效手段。但是目前我国没有形成全国性的再保险制度，因此建立相关再保险制度显得尤为重要，在我国可以委托国有控股企业中国再保险集团股份有限公司进行全国范围内农业保险的再保险的相关业务，完善再保险体系（庹国柱、李军，2003；庹国柱、朱俊生，2005）。同时，我国政府可以借鉴美国农业保险再保险业务中的相关补贴制度，对农业保险企业提供相应的保障和支持（袁祥州、程国强、黄琦，2016）。在改善现有农业保险的过程中，可以采用提高和差异化保费标准、增加政府补贴、在全国构建农业保险再保险机制的措施来共同提高保险的保障，以达到风险管理的功效。

三、中国种植业保险体系构建

　　目前我国实行的政策性种植业保险覆盖面不高、保障水平低、保险产品单一，远不能满足农民尤其是规模化生产农民转移风险的要求，与担当农业安全网重任的要求相去甚远；在很大程度上也实现不了收入支持的功能。基于此，本书建议探索创新我国农业保险制度，综合上文中提到的以收入支持为目标的农业保险创新思路和以风险管理为目标的改进思路，在我国逐渐构建种植业保险体系，如图 7-2 所示。

（一）实现灾前和灾后相协调

在政府层面首先实现农业生产在受灾前和受灾后相应的保障措施。在受灾前，政府财政需要对农业保险进行补贴，这样把政府在灾后的不确定补偿转变为灾前对农业保险的规范性补贴，尤其是向惠及所有农户的农业保险储蓄账户进行大量补贴；对于带有商业性质的规模农业保险也提供一定数额的保费补贴来支持我国现代农业的发展。在受灾后，政府相关部门应根据实际情况对受灾地区进行灾害救济，这部分款项可以直接拨付到农户单独开设的农业保险专项账户。另外，救灾款可以在某种程度上弥补在农业保险储蓄账户中因采用气象指数保险理赔方式产生基差风险所带来的误差。

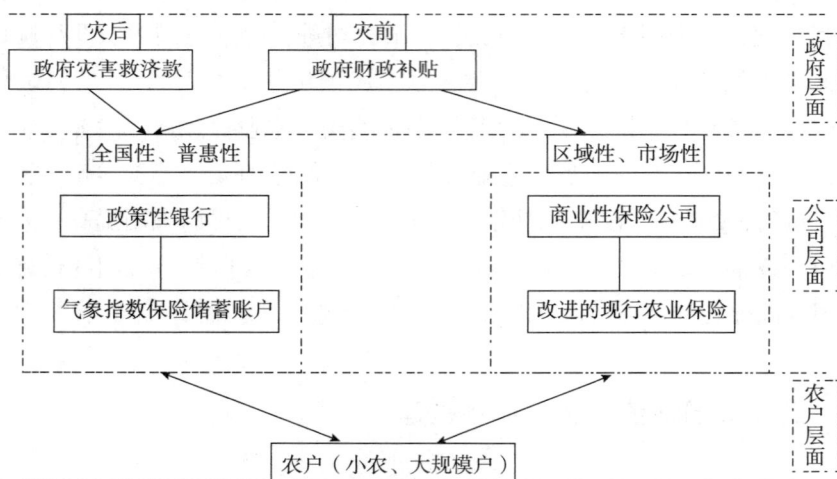

图 7-2　中国种植业保险体系设计

资料来源：笔者绘制。

（二）收入支持与风险管理相协调

上文已经分析了由于农业保险对于大规模农户和小规模农户的主要作用有所差异，因此需要将以收入支持为目标的农业保险和以风险管理为目标的农业保险相区分。为了增加农户农业生产的收入，需要在全国范围内设计实施农业保险储蓄账户制度，让农民直接受惠于政府对农业的补贴，减少中间环节的损失和"漏出"。此措施实施的主体可以是相关的政策性银行，如中国农业发展银行（杜彦坤，2006），其可以凭借在广大农村地区的良好信用和营业网点众多的优势，对农业保险储蓄账户进行推广实施。另外，随着我国现代农业的不断发展，新型经营主体不断涌现，他们对于农业保险的风险管理功能需求较大，因此以风险管理为目标的农业保险的当务之急是提高对规模化农户的保障水平，解决规模化农户因为保障水平太低而无法转移生产风险的问题。这类规模农户的种植业保险需要商业保险公司在政府相关财政和其他方面的支持下重新对规模户进行风险评估以及保费率厘定，并实行再保险业务进一步分散风险，最终设计出满足大规模风险管理需求的农业保险产品。

第三节　本章小结

虽然我国政策性农业保险在近年来发展迅速，但是在发展过程中出现了很多问题，出现这些问题的主要原因是现行农业保险政策目标与现实需求不匹配。针对这一问题，并基于本书第五章、第六章中得出的相应启示，本章首先依据我国农户在农业生产中的特点和生产风险特点对农户在农业风险管理策略方面进行了分析；其次根据农户在风险管理策略上的选择情况定位了农户对农业保险功能的需求；再次根据上文现行农业保险和气象指数保险功能实现情况，并结合农户对于农业保险功能的现实需求情况对气象指数保险的政策目标做了调整与定位；最后在对农业保险的政策目标准确定位的基础上对我国种植业保险进行改善和创新提出思路和建议。通过研究发现：目前我国大部分农户在农业生产风险管理方面会选择多样化种植、多元化收入来分散风险，很少农户会主动选择农业保险作为农业生产风险管理的工具；农户对于农业保险作为收入支持方式的需求较为强烈，同时我国为了应对世界贸易组织的相关规定，具有将农业保险作为收入支持工具的动机，因此，将农业保险的政策目标定位为收入支持在目前形势下是较为合适的。本书依据上述分析结论对我国种植业保险制度提出了创新和完善的措施，具体思路如下：首先，若将我国农业保险的政策目标定位为收入支持的话，最主要的任务是如何减少在政府补贴过程中发生的"漏出"，针对这一要求，本书提出了建立气象指数储蓄保险制度，具体是为农户开设农业保险专用储蓄账户，借鉴城镇住房公积金缴纳和提取的形式以及气象指数保险定灾、定损的方式对农户进行收入支持；其次，作为对农业保险收入支持主要功能的补充，可以将现行农业保险进行完善，提高其保障水平，满足现代农业发展过程中大规模农户对农业生产风险管理的需求；最后，基于上面两方面的改进措施对我国种植业保险体系进行构建，最终进一步促进我国农业保障体系的完善。

第八章
研究结论与展望

　　根据世界贸易组织《农业协定》的相关规定，中国的农业正面临着补贴的警戒"黄线"，相关政策亟待调整。中国在加入世界贸易组织时曾经承诺在农产品方面的"黄箱政策"不得超过其产值的 8.5%，依据有关指标测算，中国已经逐渐逼近这条"黄线"。目前我国在种植业实行的补贴政策，如生产补贴方面的种粮补贴、良种补贴、农资综合补贴以及市场补贴方面的最低收购价、临时收储，在一定时期内都要进行相应的压缩，否则就会超出警戒线。面对如此局面，我国近年来进行了相应调整，如 2014 年国家开始启动农作物目标价格[①]试点工作，目标价格政策在完善农作物价格形成机制、稳定作物生产、保护区域农户利益方面起到促进作用（黄季焜、王丹、胡继亮，2015），但是目标价格制度的制定与实施会导致农产品市场扭曲日益严重[②]。因此，需要进一步探索新的支持政策，对现有政策进行调整，逐渐增加相关"绿箱政策"补贴措施。农业保险作为世界贸易组织"绿箱政策"受到世界各国的青睐，尤其是以美国为首的西方发达国家更是在近年来不断加大对农业保险的补贴力度，将其作为了主要的支农政策。本书正是基于上述背景对我国农业保险展开研究，寻找促进我国农业生产进一步发展的突破口。

---

　　① "目标价格"，主要是在市场价格低于目标价格时对生产者进行补贴，高于目标价格对低收入消费者进行补贴。

　　② 资料来源：人民网（http://politics.people.com.cn/n/2014/0308/c70731-24572326.html）。

第一节 基本结论

本书利用 2004~2011 年农户种植的微观数据对全国以及各省（自治区、直辖市）小麦、玉米、稻谷和大豆 4 种农作物的整体产量减产以及县域受灾系统性进行了测算，并基于测算结果以及我国农户实际农业经营状况对气象指数保险的基本可保性以及受灾系统性可保性进行了评价。之后讨论了气象指数保险的目标定位，结合其自身特点将气象指数保险进行改进，并构建我国种植业保险体系。通过实证研究测算最终得出以下结论。

（1）气象指数保险在我国的基本可保性较差，实现风险管理目标的潜力相对较差。通过对全国及各省（自治区、直辖市）小麦、玉米、稻谷、大豆的减产程度测算，可以判断 4 种农作物灾后减产程度一般在30% 以下，这部分风险发生概率较大，不宜作为保险的标的物。同时，虽然 4 种农作物灾后减产程度在 30%~80% 的概率较低，仅为 5% 左右，符合"小概率"的可保条件，但是由于农户种植规模小且多采取多元化经营，灾后损失总价值较低，不符合"大损失"的可保条件。因此，在我国气象指数保险在风险管理方面作用发挥的潜力较差。

（2）由于我国县域范围内作物受灾系统性不强，在实施气象指数保险时出现误差的概率较大，因而气象指数保险针对受灾系统性的可保性也不高。通过测算发现，在中国大部分地区 4 种农作物在不同损失程度下县域受灾系统性均较低，不符合气象指数保险针对一定区域系统性风险的可保条件。实行气象指数保险会出现较大基差风险，不能很好地发挥风险管理的作用。综上所述，对我国 4 种作物相关风险测度，发现两方面的可保性条件都不理想，这就决定了气象指数保险在实现风险管理目标时会遇到较大问题，因此，气象指数保险不适合在我国大范围推广。

（3）将气象指数保险的政策目标定位为收入支持，通过改进使其发挥收入支持功能。气象指数保险由于运营管理费用低，可以将这部分费用直接补贴给农户，在理论上可以实现收入支持功能。目前我国大部分农户（小规模农户）在农业生产中会选择多样化种植、多元化收入来分散风险，农户对于农业保险的风险管理功能需求较小；但农户强烈需要农业保险发挥收入支持功能，同时，为了促进农业生产以及介于世界贸易组织的相关规定，同样需要发挥农业保险收入支持的功能，因此目前我国种植业保险的政策目标应定位为收入支持。另外，政府在实现气象指数保险收入支持功能时，只需要寻找一种合理的可以通过农业保险来补贴农民的办法，不必增加额外财政支出，因此政策目标转换较为容易。

（4）大规模农户对于农业保险风险管理需求较大，在构建我国农业保险体系时需要将大规模农户与小规模农户相区分。一方面大规模农户可以选择的风险管理方式很少，另一方面赔偿金对于大规模农户的作用要大于小规模农户，农业保险的风险管理作用对于大规模农户更重要。因此，在改善种植业保险制度时也需要考虑到大规模农户对风险管理的需求，为其提供保障水平较高的保险产品。

第二节　研究展望与讨论

本书通过实证的方法证明了现行农业保险和气象指数保险都存在一些问题，基于此，在充分考虑农业保险目标与方式选择的情况下提出构建中国种植业保险体系，重点发展气象指数储蓄保险和规模农业保险。为了试点以及落实相应措施，需要进一步依据我国现实情况制定详细的实施计划，比如在气象指数储蓄保险当中哪些部门主管落实（是保险公司、银行还是当地政府）、如何落实，气象指数储蓄保险条款的制定，其中包括气象指数理赔机制的设计，还有对于大规模农户种植的风险测度以及费率厘定等问题都需要进行研究探讨。

本书主要侧重于农业保险中的产量保险，在不考虑价格变动的情况下，农户作物产量下降也就意味着收入会下降；但是如果将价格因素考虑进去，农户作物产量下降使市场上供应的相应农产品数量下降，基于商品供需关系，在需求不变（通常农产品的需求弹性较小）的前提下，商品供给数量下降意味着其价格将会上升，这时农户的收入并不一定会下降。如果农业保险保的是作物产量，很有可能出现农户在受灾产量减产时反而收入增加的现象，而这时保险公司又理赔给农民一部分钱，农业保险实质上没有起到风险管理作用。农业保险需要保障的其实是将作物产量和农产品价格都考虑在内的收入，仅对产量进行保障可能会出现一定的问题。本书对于农作物收入保险的探讨相对不足，但是收入保险对于农户稳定收入起到非常重要的作用，收入保险可以成为下一步我国重点支持开发和发展的重要保险类型，对于这方面的研究也应该进一步加强。

虽然将气象指数保险的目标定位为收入支持（当然也会起到风险管理作用），但是由于指数保险固有的缺陷——基差风险，运用气象指数保险的方式可能会使很多农户在受灾后得不到银行账户内的保险赔偿，无法利用赔偿金进行恢复生产。面对这一情况，需要进一步研究完善保险赔偿机制，减少误差。还有另一个研究话题：农户对于基差风险的容忍程度有多大，即基差风险达到什么程度时农户就不会参与这一保险，这需要进行进一步的实证研究。

与一些发达国家相比，目前我国仍然没有构建全国性农业再保险体系，这给农业保险的风险分散以及农业保险推广和保险产品开发带来一定影响。如果要实行规模农业保险或是提高农业保险保障水平，保险公司必须要有进一步分散风险的途径，这时构建全国性的农业保险再保险业务显得十分必要。我国如何实施农业保险再保险业务以及政府财政如何补贴也需要进一步的研究和探讨。

参考文献

［1］Antón J., et al. Agricultural risk management policies under climate uncertainty［J］. Global Environmental Change, 2013（23）: 1726–1736.

［2］Antón J., Kimura S. Risk management in agriculture in Spain［R］. OECD Food, Agriculture and Fisheries Papers, No. 43, OECD Publishing, Paris, 2011.

［3］Antón. J., Kimura S., Martini R. Risk management in agriculture in Canada［R］. OECD Food, Agriculture and Fisheries Papers, No. 40, OECD Publishing, Paris, 2011.

［4］Barnett B.J., Barrett C.B., Skees J.R. Poverty traps and index-based risk transfer products［J］. World Development, 2008, 36（10）: 1766–1785.

［5］Barnett B.J., Mahul O. Weather index insurance for agriculture and rural areas in lower-income countries［J］. American Journal of Agricultural Economics, 2007, 89（5）: 1241–1247.

［6］Binici T., Zulauf C.R. Determining wheat crop insurance premium based on area yield insurance scheme in Konya Province, Turkey［J］. Journal of Applied Sciences, 2006（6）: 1148–1152.

［7］Binswanger-Mkhize H.P. Is There too much hype about index-based agricultural insurance?［J］. Journal of Development Studies, 2012,

48（2）：187-200.

[8] Benfield A. Introduction to agriculture insurance in India [R].
Report Created for Aon Benfield Clients-published September, 2013.

[9] Bertram-Huemmer V., Kraehnert K. Does index insurance help
households recover from disaster? Evidence from IBLI Mongolia [J].
American Journal of Agricultural Economics, 2017, 100（1）：145-171.

[10] Brockett P.L., Wang M., Yang C. Weather derivatives and weather
risk management[J]. Risk Management and Insurance Review, 2005, 8(1):
127-140.

[11] Cai J., De Janvry A., Sadoulet E. A randomized evaluation of the
effects of an agricultural insurance program on rural households' behavior：
Evidence from China [J]. Nova Deli：International Initiative for Impact
Evaluation, 2014（1）：1-22.

[12] Calum G., Turvey R., Kong. Farmers' willingness to purchase
weather insurance in rural China [R]. SSRN Working Paper, 2010.

[13] Carter M.R., Galarza F., Boucher S. Underwriting area-based
yield insurance to crowd-in credit supply and demand [J]. Savings and
Development, 2007, 31（3）：335-362.

[14] Carter M., De Janvry A., Sadoulet E., et al. Index-based weather
insurance for developing countries：A review of evidence and a set of
propositions for up-scaling [R]. Development Policies Working Paper,
2014: 111.

[15] Ceballos F. Estimating spatial basis risk in rainfall index
insurance：Methodology and application to excess rainfall insurance in
Uruguay [M].Washington, DC Intl Food Policy Res Inst, 2016.

[16] Chantarat S., et al. Using weather index insurance to improve
drought response for famine prevention [J]. American Journal of
Agricultural Economics, 2007, 89（5）：1262-1268.

[17] Chite R.M. The 2014 Farm Bill(PL 113-79)：Summary and side-
by-side [R]. CRS Report 43076, 2014.

［18］Clarke D., Dercon S. Insurance, credit and safety nets for the poor in a world of risk［R］.Working Paper 81, United Nations,Pepartment of Econmics and Social Affairs, 2009.

［19］Clarke D.J. A theory of rational demand for index insurance［R］. Economics Series Working Papers, 2011：572.

［20］Cole S., Giné X., Tobacman J., et al. Barriers to household risk management：Evidence from India［J］. American Economic Journal：Applied Economics, 2013, 5（1）：104-135.

［21］Cole S., Stein D., Tobacman J. Dynamics of demand for index insurance：Evidence from a long-run field experiment［J］. The American Economic Review, 2014, 104（5）：284-290.

［22］Colson G., Ramirez O.A., Fu S. Crop insurance savings accounts：A viable alternative to crop insurance?［J］. Applied Economic Perspectives and Policy, 2014, 36（3）：527-545.

［23］De Janvry A., V. Dequiedt, E. Sadoulet. The demand for insurance against common shocks［J］. Journal of Development Economics, 2014（106）：227-238.

［24］Deng X., Barnett B. J., Vedenov D. V., West J. W. Hedging dairy production losses using weather-based index insurance［J］. Agricultural Economics, 2007, 36（2）：271-280.

［25］Dercon S., Hill R.V., Clarke D., et al. Offering rainfall insurance to informal insurance groups：Evidence from a field experiment in Ethiopia［J］. Journal of Development Economics, 2014（106）：132-143.

［26］Du X., Feng H., Hennessy D.A. Rationality of choices in subsidized crop insurance markets［J］. American Journal of Agricultural Economics, 2016, 99（3）：732-756.

［27］Elabed G., Bellemare M.F., Carter M R, et al. Managing basis risk with multiscale index insurance［J］. Agricultural Economics, 2013（44）：419-431.

［28］Elabed G., Carter M.R. Basis risk and compound-risk aversion：

Evidence from a WTP experiment in Mali ［M］. University of California at Davis, 2014.

［29］Flatten O., et al. Comparing risk perceptions and risk management in organic and conventional dairy farming empirical results form Norway［J］. Livestock Production Science, 2005（95）: 11–25.

［30］Freudenreich H., Mußhoff O. Insurance for technology adoption : An experimental evaluation of schemes and subsidies with maize farmers in Mexico ［J］. Journal of Agricultural Economics, 2018, 69（1）: 96–120.

［31］Fuchs A., Wolff H. Concept and unintended consequences of weather index insurance : The case of Mexico ［J］. American Journal of Agricultural Economics, 2011, 93（2）: 505–511.

［32］Giné X., Townsend R., Vickery J. Statistical analysis of rainfall insurance payouts in southern India ［J］. American Journal of Agricultural Economics, 2007, 89（5）: 1248–1254.

［33］Giné X., Townsend R., Vickery J. Patterns of rainfall insurance participation in rural India ［J］. World Bank : The World Bank Economic Review, 2008, 22（3）: 539–566.

［34］Giné X., Yang D. Insurance, credit, and technology adoption : Field experimental evidence from Malawi ［J］. Journal of Development Economics, 2009, 89（1）: 1–11.

［35］Glauber J.W. The growth of the federal crop insurance program （1990–2011）［J］. American Journal of Agricultural Economics, 2013, 95（2）: 482–488.

［36］Glauber J.W., Collins K.J., Barry P.J. Crop insurance, disaster assistance, and the role of the federal government in providing catastrophic risk protection ［J］. Agricultural Finance Review, 2002, 62（2）: 81–101.

［37］Goodwin B.K. Problems with market insurance in agriculture ［J］. American Journal of Agricultural Economics, 2001, 83（3）: 645–648.

［38］Goodwin B.K., Hungerford A. Copula–based models of systemic risk in US agriculture : Implications for crop insurance and reinsurance contracts [J] . American Journal of Agricultural Economics, 2014, 97 (3): 879-896.

[39] Goodwin B. K., Ker A. P. Nonparametric estimation of crop yield distributions : Implications for rating group-risk crop insurance contracts[J]. American Journal of Agricultural Economics, 1998, 80 (1): 139-153.

[40] Goodwin B. K., Smith V. H. What harm is done by subsidizing crop insurance? [J] . American Journal of Agricultural Economics, 2013, 95 (2): 489-497.

[41] Goodwin B. K., Vandeveer M. L., Deal J. L. An empirical analysis of acreage effects of participation in the federal crop insurance program [J] . American Journal of Agricultural Economics, 2004, 86 (4): 1058-1077.

[42] Greatrex H., Hansen J., Garvin S., et al. Scaling up index insurance for smallholder farmers: Recent evidence and insights [R] . CCAFS Report No.14, 2015.

[43] Hart C. E., Babcock B. A. Rankings of risk management strategies combining crop insurance products and marketing positions [R] . Working Paper 01-WP 267, Center for Agricultural and Rural Development, Iowa State University, 2001.

[44] Hazell P. B. R. The appropriate role of agricultural insurance in developing countries [J] . Journal of International Development, 1992, 4 (6): 567-581.

[45] Hazell P. B. R., Pomareda C., Valdes A. Crop insurance for agricultural development: Issues and experience [M] . San Isidro de Coronade: IICA Biblioteca Venezuela, 1986.

[46] Heimfarth L. E., Musshoff O. Weather index-based insurances for farmers in the North China Plain: An analysis of risk reduction potential and basis risk [J] . Agricultural Finance Review, 2011, 71 (2): 218-239.

[47] Hess U., Skees J. R., Stoppa A., et al. Managing agricultural production risk: Innovations in developing countries [R] . Agriculture and Rural Development (ARD)Department Report, No.32727-GLB, 2005.

［48］Hill R.V., Robles M., Ceballos F. Demand for a simple weather insurance product in India: Theory and evidence［J］. American Journal of Agricultural Economics, 2016, 98（4）: 1250-1270.

［49］Hueth D.L., Furtan W.H. Economics of agricultural crop insurance: Theory and evidence［M］. Dordrecht: Kluwer Academic Publishers, 1994.

［50］Huo R., Octavio R. Basis risk and welfare effect of weather index insurance for smallholders in China［R］. 2017.

［51］Ibarra H., Skees J. Innovation in risk transfer for natural hazards impacting agriculture［J］. Environmental Hazards, 2007, 7（1）: 62-69.

［52］Janzen S.A., Carter M.R., Ikegami M. Valuing asset insurance in the presence of poverty traps［R］. UC-Davis Working Paper, 2013.

［53］Jensen N., Barrett C. Agricultural index insurance for development ［J］. Applied Economic Perspectives and Policy, 2017, 39（2）: 199-219.

［54］Jensen N.D., Barrett C.B., Mude A.G. Index insurance quality and basis risk: Evidence from northern Kenya［J］. American Journal of Agricultural Economics, 2016: 98（5）: 1450-1469.

［55］Just R.E., Calvin L., Quiggin J. Adverse selection in crop insurance: Actuarial and asymmetric information incentives［J］. American Journal of Agricultural Economics, 1999, 81（4）: 834-849.

［56］Karlan D., Osei R., Osei-Akoto I., et al. Agricultural decisions after relaxing credit and risk constraints［J］. The Quarterly Journal of Economics, 2014, 129（2）: 597-652.

［57］Karuaihe R.N., Wang H.H., Young D.L. Weather-based crop insurance contracts for African countries［R］. 2006.

［58］Kelkar U. Adaptive policy case study: Weather-indexed insurance for agriculture in India［Z］. IISD-TERI-IDRC Project, 2006.

［59］Kimura S., Antón J. Risk management in agriculture in Australia ［R］. OECD Food, Agriculture and Fisheries Papers, No. 39, OECD Publishing, Paris, 2011.

［60］Leblois A., P. Quiron, B. Sultan. Price vs. weather shock hedging for cash crops: Ex ante evaluation for cotton producers in Cameroon［J］. Ecological Economics, 2014（101）: 67–80.

［61］Loewe M. Downscaling, upgrading or linking? Ways to realize micro–insurance［J］. International Social Security Review, 2006, 59（2）: 37–59.

［62］MAFF. Risk management in agriculture［Z］. The Economies and Statistics Croup of the Ministry of Agriculture, Fisheries and Food, 2001.

［63］Mahul O. Optimum area yield crop insurance［J］. American Journal of Agricultural Economics, 1999, 81（1）: 75–82.

［64］Mahul O., Stutley C.J. Government support to agricultural insurance: Challenges and options for developing countries［M］. World Bank Publications, 2010: 1–219.

［65］Mahul O., Verma N., Clarke D.J. Improving farmers' access to agricultural insurance in India［J］. Social Science Electronic Publishing, 2012（3）: 1–20.

［66］McIntosh C., Sarris A., Papadopoulos F. Productivity, credit, risk, and the demand for weather index insurance in smallholder agriculture in Ethiopia［J］. Agricultural Economics, 2013, 44（4–5）: 399–417.

［67］Mechler R., Linnerooth–Bayer J., Peppiatt D. A review of microinsurance for natural disaster risks in developing countries: Benifits, Limitations and viability［R］. Laxenburg, Austria: A Provention/ILA AS Study, 2006.

［68］Melyukhina O. Risk management in agriculture in the Netherlands［R］. OECD Food, Agriculture and Fisheries Papers, No. 41, OECD Publishing, Paris, 2011.

［69］Miranda M.J. Area–yield crop insurance reconsidered［J］. American Journal of Agricultural Economics, 1991, 73（2）: 233–242.

［70］Miranda M.J., Glauber J.W. Systemic risk, reinsurance, and the failure of crop insurance markets［J］. American Journal of Agricultural

Economics, 1997, 79（1）: 206–215.

［71］Miranda M.J., Vedenov D.V. Innovations in agricultural and natural disaster insurance［J］. American Journal of Agricultural Economics, 2001, 83（3）: 650–655.

［72］Miranda M.J., Farrin K. Index insurance for developing countries ［J］. Applied Economic Perspectives and Policy, 2012, 34（3）: 391–427.

［73］Mobarak A. M., Rosenzweig M. Selling formal insurance to the informally insured［R］. Center Discussion Paper, No. 1007, Yale University, Economic Growth Center, New Haven, CT, 2012.

［74］Mobarak A.M., Rosenzweig M.R. Effects of informal risk sharing and rainfall insurance on risk choices［R］.Working Paper, Yale University, 2013a.

［75］Mobarak A.M., Rosenzweig M.R. Informal risk sharing, index insurance, and risk taking in developing countries［J］. American Economic Review, 2013b, 103（3）: 375–380.

［76］Muneepeerakul C.P., Muneepeerakul R., Huffaker R.G. Rainfall intensity and frequency explain production basis risk in cumulative rain index insurance［J］. Earth's Future, 2017, 5（12）: 1267–1277.

［77］Nieto J.D., Cook S.E., Fisher M.J., et al. A system of drought insurance for poverty alleviation in rural areas［R］. Consultative Group on International Agricultural Research Working Paper. World Bank: Washington DC, 2006: 1–94.

［78］OECD. Managing risk in agriculture: A holistic approach［M］. Paris: OECD Publishing, 2009.

［79］OECD. Managing risk in agriculture: Policy assessment and design［M］.Paris: OECD Publishing, 2011.

［80］Rao K.N. Index based crop insurance［J］. Agriculture and Agricultural Science Procedia, 2010（1）: 193–203.

［81］Ramirez O.A., Colson G. Can we do better than crop insurance? The case for farmer owned crop insurance savings accounts［J］. Choices,

2013, 28（3）: 1-4.

［82］Sarris A., Karfakis P., Christiaensen L. Producer demand and welfare benefits of rainfall Insurance in Tanzania［R］. FAO Commodity and Trade Policy Research Working Paper No.18, 2006.

［83］Schaffnit C. Risk management in agriculture—Towards market solution in the EU［R］. Deutsche Bank Research, 2010.

［84］Shaik S., Coble K.H., Knight T.O., et al. Crop revenue and yield insurance demand: A subjective probability approach［J］. Journal of Agricultural and Applied Economics, 2008, 40（3）: 757-766.

［85］Shields D.A. Federal crop insurance: Background［R］. Washington DC : US Congressional Research Service Report, No.R40532, 2015.

［86］Sibiko K.W., Veettil P.C., Qaim M. Small farmers' preferences for weather index insurance : Insights from Kenya［C］. 2016 AAAE Fifth International Conference, September 23-26, 2016, Addis Ababa, Ethiopia. African Association of Agricultural Economists（AAAE）, No.246399, 2016.

［87］Singh G. Crop insurance in India［M］. Ahmedabad : Indian Institute of Management, 2010.

［88］Skees J.R., Black J.R., Barnett B.J. Designing and rating an area yield crop insurance contract［J］. American Journal of Agricultural Economics, 1997（79）: 430-438.

［89］Skees J.R. Risk management challenges in rural financial markets: Blending risk management innovations with rural finance［C］. The thematic papers presented at the USAID Conference : Paving the Way Forward for Rural Finance : An International Conference on Best Practices, Washington DC, 2003 : 2-4.

［90］Skees J.R., B. J. Barnett. Enhancing microfinance using index-based risk-transfer products［J］. Agricultural Finance Review, 2006, 66（2）: 235-250.

［91］Skees J.R. Challenges for use of index based weather insurance in lower income countries［J］. Agricultural Finance Review，2008，68（1）：197–217.

［92］Smith V.H. Producer insurance and risk management options for smallholder farmers［J］. The World Bank Research Observer，2016，31（2）：271–289.

［93］Stein D.K.，Tobacman J. Weather insurance savings accounts［R］. World Bank Group，Policy Research Working Paper，No.7235，2015.

［94］Tadesse M.A.，Shiferaw B.A.，Erenstein O. Weather index insurance for managing drought risk in smallholder agriculture：Lessons and policy implications for Sub–Saharan Africa［J］. Agricultural and Food Economics，2015，3（1）：26.

［95］Turvey C.G. Weather derivatives for specific event risks in agriculture［J］. Review of Agricultural Economics，2001，23（2）：333–351.

［96］Turvey C.G.，Kong R. Weather risk and the viability of weather insurance in China's Gansu，Shaanxi，and Henan provinces［J］. China Agricultural Economic Review，2010，2（1）：5–24.

［97］Vermeulen S.J.，Campbell B.M.，Ingram J.S. Climate change and food systems［J］. Annual Review of Environment and Resources，2012（37）195–222.

［98］Yamauchi N. A metal–insulator–semiconductor（MIS）device using a ferroelectric polymer thin film in the gate insulator［J］. Japanese Journal of Applied Physics，1986，25（4）：590–594.

［99］陈雅子，申双和.江苏省水稻高温热害保险的天气指数研制［J］.江苏农业科学，2016，44（10）：461–464.

［100］巴曙松.对我国农业保险风险管理创新问题的几点看法［J］.保险研究，2013（2）：11–17.

［101］柴智慧.农业保险的农户收入效应、信息不对称风险［D］.内蒙古农业大学博士学位论文，2014.

［102］曹芳.农业国内支持政策对农民收入的影响研究［D］.南京

农业大学博士学位论文，2005.

［103］曹明宏.可持续发展背景下的农业补贴问题研究［D］.华中农业大学博士学位论文，2001.

［104］陈盛伟.农业气象指数保险在发展中国家的应用及在我国的探索［J］.保险研究，2010（3）：82-88.

［105］陈盛伟，张宪省.农业气象干旱指数保险产品设计的理论框架［J］.农业技术经济，2014（12）：32-38.

［106］东梅.构建我国农业直接收入补贴体系的思考［J］.学海，2004（1）：162-165.

［107］杜彦坤.农业政策性保险体系构建的基本思路与模式选择［J］.农业经济问题，2006（1）：50-53.

［108］范生晔，范婷婷.吉林省西部玉米干旱气象指数保险研究［J］.吉林农业，2019（19）：94.

［109］凤兰，李晓林.农业保险的发展：两难困境与产品选择［J］.上海金融，2013（3）：35-40.

［110］冯文丽.我国农业保险市场失灵与制度供给［J］.金融研究，2004（4）：124-129.

［111］谷政.江苏种植业风险与农业保险问题研究——基于农户角度［D］.南京农业大学博士学位论文，2008.

［112］郭颂平，赵春梅，高鹏.保险学［M］.北京：高等教育出版社，2014.

［113］郭晓航.农业保险［M］.大连：东北财经大学出版社，1993.

［114］高蓉蓉.农业保险发展的新趋势——指数保险的产生及其在中国的实践［J］.江苏科技信息，2014（23）：34-36.

［115］何小伟，庹国柱，李文中.政府干预、寻租竞争与农业保险的市场运作——基于江苏省淮安市的调查［J］.保险研究，2014（8）：36-41.

［116］黄季焜，王丹，胡继亮.对实施农产品目标价格政策的思考——基于新疆棉花目标价格改革试点的分析［J］.中国农村经济，2015（5）：10-18.

［117］黄英君.中国农业保险制度的变迁与创新［J］.保险研究，2009a（2）：52-58.

［118］黄英君.中国农业保险发展机制研究：经验借鉴与框架设计［M］.北京：中国金融出版社，2009.

［119］黄英君.中国农业保险发展的历史演进：政府职责与制度变迁的视角［J］.经济社会体制比较，2011（6）：174-181.

［120］韩一军，徐锐钊.2014美国农业法改革及启示［J］.农业经济问题，2015（4）：101-109.

［121］刘金霞，顾培亮.农业系统风险的复杂性管理研究［J］.西北农林科技大学学报（社会科学版），2003，3（3）：40-44.

［122］刘学文.中国农业风险管理研究——基于完善农业风险管理体系的视角［D］.西南财经大学博士学位论文，2014.

［123］罗艳.新中国农业保险的历史演变［J］.当代中国史研究，2008（5）：13-16.

［124］罗挺.杨梅气象指数保险设计——以宁波市余姚县为例［D］.福建农林大学硕士学位论文，2019.

［125］刘亚静，周稳海.玉米气象指数保险纯费率厘定的实证研究——以河北省为例［J］.河南农业科学，2013，42（4）：193-196.

［126］李亚琦，韩兴勇，岳宗胜.海水养殖风力指数保险设计及费率厘定研究——以广东省为例［J］.海洋经济，2016，6（3）：3-9.

［127］林毓铭，林博.发展巨灾保险的紧迫性与路径依赖［J］.保险研究，2014（2）：35-43.

［128］李超民.农业支持与农业现代化［J］.学术月刊，2008，40（8）：63-71.

［129］李军.农业保险的性质、立法原则及发展思路［J］.中国农村经济，1996（1）：55-59.

［130］李军.农业保险［M］.北京：中国金融出版社，2002.

［131］李军，段志煌.农业风险管理和政府的作用（中美农业保险交流与考察）［M］.北京：中国金融出版社，2004.

［132］李有祥，张国威.论我国农业再保险体系框架的构建［J］.金

融研究，2004，（7）：106-110.

［133］娄伟平，吴利红，姚益平．水稻暴雨灾害保险气象理赔指数设计［J］．中国农业科学，2010，43（3）：632-639.

［134］吕开宇，张崇尚，邢鹏．农业指数保险的发展现状与未来［J］．江西财经大学学报，2014（2）：62-69.

［135］马克思，恩格斯．马克思恩格斯全集（第三卷）［M］．北京：人民出版社，1960.

［136］孟春．中国农业保险试点模式研究［M］．北京：中国财政经济出版社，2006.

［137］牛浩，陈盛伟．中国农业气象指数保险产品的发展现状、面临难题及解决建议［J］．中国科技论坛，2015a（7）：130-135.

［138］牛浩，陈盛伟．玉米风雨倒伏指数保险产品设计研究——以山东省宁阳县为例［J］．农业技术经济，2015b（12）：99-108.

［139］聂荣，宋妍．农业气象指数保险研究与设计——基于辽宁省玉米的面板数据［J］．东北大学学报（社会科学版），2018，20（3）：262-268，298.

［140］原农业部欧盟农业政策考察团，张红宇．从英法农业现状看欧盟共同农业政策的变迁［J］．世界农业，2012（9）：1-5.

［141］裴光，庹国柱．农业保险统计制度研究［M］．北京：中国财政经济出版社，2009.

［142］曲思邈，王冬妮，郭春明，杨旭，王美玉，邱美娟．玉米干旱天气指数保险产品设计——以吉林省为例［J］．气象与环境学报，2018，34（2）：92-99.

［143］孙良媛，张岳恒．转型期农业风险的特点与风险管理［J］．农业经济问题，2001（8）：20-26.

［144］孙香玉．保险认知、政府公信度与农业保险的需求——江苏省淮安农户农业保险支付意愿的实证检验［J］．南京农业大学学报（社会科学版），2008，8（1）：48-54.

［145］孙香玉，钟甫宁．福利损失、收入分配与强制保险——不同农业保险参与方式的实证研究［J］．管理世界，2009（5）：80-88.

［146］孙善功，李嘉晓，陈盛伟.农业保险：发展历程，启示与思考［J］.哈尔滨工业大学学报（社会科学版），2009，11（2）：78-84.

［147］宋博，穆月英，侯玲玲等.基于CVM的我国农业气象指数保险支付意愿分析——以浙江柑橘种植户为例［J］.保险研究，2014（2）：54-63.

［148］孙擎，杨再强，殷剑敏，俞开炬，袁小康，余焰文，高丽娜.江西早稻高温逼熟气象灾害指数保险费率的厘定［J］.中国农业气象，2014，35（5）：561-566.

［149］史学凡，张晶晶，潘婧茹.北仑花木高温气象指数保险探讨与优化［J］.浙江农业科学，2019，60（10）：1909-1912.

［150］庹国柱.我国农业保险的试验及其评论［J］.保险研究，1996（4）：26-28.

［151］庹国柱，王国军.中国农业保险与农村社会保障制度研究［M］.北京：首都经济贸易大学出版社，2002.

［152］庹国柱，李军.我国农业保险实验的成就、矛盾与出路［J］.金融研究，2003（9）：69-78.

［153］庹国柱，李军.农业保险［M］.北京：中国人民大学出版社，2005.

［154］庹国柱，朱俊生.关于我国农业保险制度建设几个重要问题的探讨［J］.中国农村经济，2005（6）：46-52.

［155］庹国柱，赵乐，朱俊生等.政策性农业保险巨灾风险管理研究——以北京市为例［M］.北京：中国财政经济出版社，2010.

［156］庹国柱.让科学研究更好地服务于农业保险制度建设——中国农业保险32年研究历程简述［J］.保险研究，2013a（9）：9-17.

［157］庹国柱.中国政策性农业保险的发展导向——学习中央"一号文件"关于农业保险的指导意见［J］.中国农村经济，2013b（7）：4-12.

［158］魏华林，吴韧强.天气指数保险与农业保险可持续发展［J］.财贸经济，2010（3）.

［159］王克.中国农作物保险效果评估及相关政策改善研究［D］.

中国农业科学院博士学位论文，2014.

［160］王春乙，张亚杰，张京红，蔡大鑫，车秀芬．海南省芒果寒害气象指数保险费率厘定及保险合同设计研究［J］．气象与环境科学，2016，39（1）：108–113.

［161］王建国．气象指数型水产养殖保险研究［J］．保险研究，2014（3）：63–69.

［162］王振军．不同保险方式下农户购买农业保险的意愿分析——陇东黄土高原区524户农户问卷调查［J］．兰州大学学报（社会科学版），2014（2）：138–144

［163］熊旻，庞爱红．早稻暴雨指数保险产品设计——以江西省南昌县为例［J］．保险研究，2016（6）：12–26.

［164］夏益国．美国联邦农作物保险：制度演进与运行机制［J］．农业经济问题，2013（6）：104–109.

［165］夏益国，刘艳华．美国联邦农业安全网的演变、特点及发展趋势［J］．中国农村经济，2014（1）：87–97.

［166］夏益国，孙群，刘艳华，盛新新．建构农业安全网：美国经验和中国实践及政策建议［J］．农业现代化研究，2014，35（3）：257–262.

［167］夏益国，刘艳华，傅佳．美国联邦农作物保险产品：体系、运行机制及启示［J］．农业经济问题，2014（4）：101–109.

［168］徐雪高，沈杰，靳兴初．农业风险管理：一个研究综述［J］．首都经济贸易大学学报，2008（5）：84–90.

［169］邢鹏．中国种植业生产风险与政策性农业保险研究［D］．南京农业大学博士学位论文，2004.

［170］邢鹏，钟甫宁．粮食生产与风险区划研究［J］．农业技术经济，2006（1）：19–23.

［171］谢玉梅．系统性风险、指数保险与发展中国家实践［J］．财经论丛，2012（2）：70–76.

［172］徐全红．我国农业财政补贴的经济学分析［J］．经济研究参考，2006（93）：21–26.

［173］亚当·斯密.国民财富的性质和原因的研究［M］.北京：商务印书馆，2012.

［174］杨林，邓丽禛.农业补贴理论的最新发展：一个文献综述［J］.经济研究参考，2012（22）：17-22.

［175］杨太明，许莹，孙喜波，张建军.安徽省夏玉米干旱天气指数保险产品设计及应用［J］.气象，2016，42（4）：450-455.

［176］叶明华.政策性农业保险的国际借鉴：制度演进与操作范式［J］.改革，2012（3）：103-110.

［177］袁祥州，程国强，黄琦.美国农业保险财政补贴机制及对我国的借鉴［J］.保险研究，2016（1）：76-86.

［178］郑军，姜风雷.农业气象指数保险的理论与实践：一个文献综述［J］.重庆工商大学学报（社会科学版），2017，34（2）：41-47.

［179］周军伟.苹果低温冻害气象指数保险产品设计研究——以山东省栖霞市苹果低温冻害为例［D］.山东农业大学硕士学位论文，2014.

［180］张峭，李越，郑茗曦.农业指数保险的发展、应用与建议［J］.农村金融研究，2018（6）：14-20.

［181］张腾，李文璇，李海旭，孔维丰，丁哲.江苏省冬小麦降雨指数保险的净费率厘定研究——基于单产分布模型参数估计法［J］.中国市场，2017（33）：37-39.

［182］张囡囡，郭洪渊.美国农业保险制度演进研究［M］.北京：中国社会科学出版社，2013.

［183］张跃华，顾海英.准公共品、外部性与农业保险的性质——对农业保险政策性补贴理论的探讨［J］.中国软科学，2004（9）：10-15.

［184］张跃华，顾海英，史清华.农业保险需求不足效用层面的一个解释及实证研究［J］.数量经济技术经济研究，2005（4）：83-92.

［185］张宪强，潘勇辉.农业气象指数保险的国际实践及对中国的启示［J］.社会科学，2010（1）：58-63.

［186］张雯丽，龙文军.蔬菜价格保险和生产保险的探索与思考［J］.农业经济问题，2014（1）：66-71.

［187］张玉环 . 美国，日本和加拿大农业保险项目比较分析［J］. 中国农村经济，2016（11）：82-90.

［188］张占力 . 智利失业保险储蓄账户制度：运行与经验［J］. 拉丁美洲研究，2011，33（5）：60-66.

［189］张占力 . 失业保险新发展：拉美失业保险储蓄账户制度［J］. 中国社会保障，2012（2）：36-38.

［190］朱俊生 . 中国气象指数保险试点的运行及其评估——以安徽省水稻干旱和高温热害指数保险为例［J］. 保险研究，2011（3）：19-25.

［191］朱俊生，赵乐，初萌 . 北京市农业区域产量保险研究［J］. 保险研究，2013（2）：76-86

［192］钟甫宁 . 从供给侧推动农业保险创新［N］. 人民日报，2016-6-24（7）.

［193］中国保险史编审委员会，中国保险学会 . 中国保险史［M］. 北京：中国金融出版社，1998.

［194］中国社会科学院，中央档案馆 .1949~1952 中华人民共和国经济档案资料选编（金融卷）［M］. 北京：中国物资出版社，1996.

［195］中国赴美农业保险考察团 . 美国农业保险考察报告［J］. 中国农村经济，2002（1）：68-77.

附　录

附表1　世界贸易组织《农业协定》农业补贴政策体系

绿箱政策	黄箱政策
一般农业服务	价格支持
用于粮食安全目的的公共储备	农业投入品补贴
国内粮食援助	农产品营销贷款补贴
对生产者的直接支付	面积补贴
不挂钩的收入支持	牲畜数量补贴
收入保险和收入安全网计划中政府的资金参与	个别贴息贷款计划
自然灾害救济支付	
生产者退休计划援助	
资源停用计划援助	
投资援助支持	
环境计划下的支付	
区域援助计划下的支付	
农产品的出口退税	

资料来源：根据相关文献整理得到。

附表2　2004~2019年中央"一号文件"对农业保险的指导意见

年份	指导意见内容
2004	加快建立政策性农业保险制度，选择部分产品和部分地区率先试点，有条件的地方可对参加种养业保险的农户给予一定的保费补贴
2005	扩大农业政策性保险的试点范围，鼓励商业性保险机构开展农业保险业务

年份	指导意见内容
2006	稳步推进农业政策性保险试点工作，加快发展多种形式、多种渠道的农业保险
2007	积极发展农业保险，按照政府引导、政策支持、市场运作、农民自愿的原则，建立完善农业保险体系；扩大农业政策性保险试点范围，各级财政对农户参加农业保险给予保费补贴；完善农业三灾风险转移分摊机制，探索建立中央、地方财政支持的农业再保险体系；鼓励龙头企业、中介组织帮助农户参加农业保险
2008	认真总结各地开展政策性农业保险试点的经验和做法，稳步扩大试点范围，科学确定补贴品种；支持发展主要粮食作物的政策性保险。大力发展洄料生产，鼓励优势区域发展棉花、糖料生产，着力提高品质和单产；积极应对全球气候变化，加强防灾减灾工作；切实抓好"菜篮子"产品生产，建立健全生猪、奶牛等政策性保险制度；完善政策性农业保险经营机制和发展模式；建立健全农业再保险体系，逐步形成农业巨灾风险转移分拒机制
2009	加快发展政策性农业保险，扩大试点范围、增加险种；加大中央财政对中西部地区保费补贴力度；加快建立农业再保险体系和财政支持的巨灾风险分散机制；鼓励在农村发展互助合作保险和商业保险业务；探索建立农村信贷与农业保险相结合的银保互动机制；扩大农产品出口信用保险承保范围，探索出口信用保险与农业保险、出口信贷相结合的风险防范机制
2010	积极扩大农业保险保费补贴的品种和区域覆盖范围；加大中央财政对中西部地区保费补贴力度；鼓励各地对特色农业、农房等保险进行保费补贴；发展农村小额保险；健全农业再保险体系，建立财政支持的巨灾风险分散机制；逐步扩大政策性森林保险试点范围
2011	鼓励和支持发展洪水保险
2012	扩大农业保险险种和覆盖面；开展设施农业保费补贴试点；扩大森林保险保费补贴试点范围，扶持发展渔业互助保险，鼓励地方开展优势农产品生产保险；健全农业再保险体系，逐步建立中央财政支持下的农业大灾风险转移分散机制；对符合条件的种子生产开展保险试点，加大种子储备财政补助力度
2013	健全政策性农业保险制度，完善农业保险保费补贴政策，加大对中西部地区、生产大县农业保险保费补贴力度，适当提高部分险种的保费补贴比例；开展农作物制种、渔业、农机、农房保险和重点国有林区森林保险保费补贴试点；推进建立财政支持的农业保险大灾风险分散机制；创新适合合作社生产经营特点的保险产品和服务

续表

年份	指导意见内容
2014	2014 年启动东北和内蒙古大豆、新疆棉花目标价格补贴试点,探索粮食、生猪等农产品目标价格保险试点;加大农业保险支持力度。提高中央、省级财政对主要粮食作物保险的保费补贴比例,逐步减少或取消产粮大县县级保费补贴,不断提高稻谷、小麦、玉米三大粮食品种保险的覆盖面和风险保障水平;鼓励保险机构开展特色优势农产品保险,有条件的地方提供保费补贴,中央财政通过以奖代补等方式予以支持;扩大畜产品及森林保险范围和覆盖区域;鼓励开展多种形式的互助合作保险;规范农业保险大灾风险准备金管理,加快建立财政支持的农业保险大灾风险分散机制
2015	积极推动农村金融立法,明确政策性和商业性金融支农责任,促进新型农村合作金融、农业保险健康发展
2016	完善农业保险制度。把农业保险作为支持农业的重要手段,扩大农业保险覆盖面、增加保险品种、提高风险保障水平。积极开发适应新型农业经营主体需求的保险品种。探索开展重要农产品目标价格保险,以及收入保险、天气指数保险试点。支持地方发展特色优势农产品保险、渔业保险、设施农业保险。完善森林保险制度。探索建立农业补贴、涉农信贷、农产品期货和农业保险联动机制。积极探索农业保险保单质押贷款和农户信用保证保险。稳步扩大"保险 + 期货"试点。鼓励和支持保险资金开展支农融资业务创新试点。进一步完善农业保险大灾风险分散机制
2017	持续推进农业保险扩面、增品、提标,开发满足新型农业经营主体需求的保险产品,采取以奖代补方式支持地方开展特色农产品保险。鼓励地方多渠道筹集资金,支持扩大农产品价格指数保险试点。探索建立农产品收入保险制度
2018	探索开展稻谷、小麦、玉米三大粮食作物完全成本保险和收入保险试点,加快建立多层次农业保险体系。制定金融机构服务乡村振兴考核评估办法。支持符合条件的涉农企业发行上市、新三板挂牌和融资、并购重组,深入推进农产品期货期权市场建设,稳步扩大"保险 + 期货"试点,探索"订单农业 + 保险 + 期货(权)"试点
2019	按照扩面增品提标的要求,完善农业保险政策。推进稻谷、小麦、玉米完全成本保险和收入保险试点。扩大农业大灾保险试点和"保险 + 期货"试点。探索对地方优势特色农产品保险实施以奖代补试点

资料来源:根据 2004~2019 年中央"一号文件"整理得到。

附表 3 目前我国经营财产保险的公司

公司名称	公司名称
信达财产保险股份有限公司	信利保险（中国）有限公司
阳光财产保险股份有限公司	阳光农业相互保险公司
英大泰和财产保险股份有限公司	永诚财产保险股份有限公司
长安责任保险股份有限公司	长江财产保险股份有限公司
浙商财产保险股份有限公司	中航安盟财产保险有限公司
中华联合财产保险股份有限公司	中煤财产保险股份有限公司
中意财产保险有限公司	中银保险有限公司
众诚汽车保险股份有限公司	紫金财产保险股份有限公司
爱和谊日生同和财产保险（中国）有限公司	安邦财产保险股份有限公司
安诚财产保险股份有限公司	安华农业保险股份有限公司
安联财产保险（中国）有限公司	安信农业保险股份有限公司
北部湾财产保险股份有限公司	渤海财产保险股份有限公司
诚泰财产保险股份有限公司	中国大地财产保险股份有限公司
大众保险股份有限公司	鼎和财产保险股份有限公司
东京海上日动火灾保险（中国）有限公司	都邦财产保险股份有限公司
安盛保险有限公司	富邦财产保险有限公司
中国人寿财产保险股份有限公司	国泰财产保险有限责任公司
华安财产保险股份有限公司	华农财产保险股份有限公司
华泰财产保险有限公司	华信财产保险股份有限公司
锦泰财产保险股份有限公司	劳合社保险（中国）有限公司
乐爱金财产保险（中国）有限公司	利宝保险有限公司
美亚财产保险有限公司	民安财产保险有限公司
中国平安财产保险股份有限公司	丘博保险（中国）有限公司
中国人民财产保险股份有限公司	日本财产保险（中国）有限公司
日本兴亚财产保险（中国）有限责任公司	三井住友海上火灾保险（中国）有限公司
三星财产保险（中国）有限公司	苏黎世财产保险（中国）有限公司
中国太平洋财产保险股份有限公司	太平财产保险有限公司
太阳联合保险（中国）有限公司	泰山财产保险股份有限公司

续表

公司名称	公司名称
天安财产保险股份有限公司	鑫安汽车保险股份有限公司
永安财产保险股份有限公司	国元农业保险股份有限公司
天平汽车保险股份有限公司	现代财产保险（中国）有限公司
安盛天平财产保险股份有限公司	富德财产保险股份有限公司
众安在线财产保险股份有限公司	

资料来源：中国保险管理委员会网站（http://www.circ.gov.cn/tabid/6758/Default.aspx）。

附表 4　北京市政策性农业保险险种条款

	小麦	玉米	水稻	豆类作物
保险责任	冰雹、六级（含）以上风、暴雨形成的洪涝、穗发芽、火灾、泥石流、山体滑坡、雪灾等，对受损作物的投入成本的损失负赔偿责任；严重干旱、持续冻灾、爆发性、流行性病虫害等，损失率达到50%（含）以上，对受损作物的投入成本的损失负赔偿责任			
保险金额	600元/亩	600元/亩	700元/亩	500元/亩
保险费率	6%	8%	8%	3%
每亩保险费（元）	36	48	55	15
赔偿办法	根据作物不同生长期每亩赔偿标准、损失率及受损面积计算赔偿： 赔偿金额 = 作物不同生长期每亩赔偿标准 × 损失率 × 受损面积 损失率 = 单位面积植株损失数量 / 单位面积平均植株数量			根据现场损失程度及数量计算赔款
保费补贴办法	1. 中央级补贴35%，市级补贴25%，其余保费由农户缴纳。 2. 市级补贴50%，其余保费由农户缴纳			

资料来源：根据北京市相关政策性农业保险规定整理得到。

附表 5　天津市政策性农业保险险种条款

	小麦	玉米	水稻
保险责任	在保险期间内，由于下列原因直接造成保险棉花的损失，且损失率达到30%（含）以上的，保险人按照本保险合同的约定负责赔偿：①暴雨、洪水（政府行蓄洪除外）、内涝；②风灾、雹灾；③冻灾		

	小麦	玉米	水稻
保险金额	—	—	—
保险费率	—	—	—
每亩保险费（元）	—	—	—
赔偿办法	1. 保险标的损失率在30%以下（不含）时， 赔偿金额＝不同生长期的最高赔偿标准 × 损失率 × 受损面积 ×（1－免赔率）， 每次事故的免赔率为10% 损失率＝单位面积植株损失数量（或平均损失产量）/ 单位面积平均植株数量 （或平均正常产量） 2. 保险标的损失率在80%以上（含）时，视为全部损失。 赔偿金额＝不同生长期的最高赔偿标准 × 受损面积		
保费补贴办法	市财政补贴负担60%，区县财政补贴负担20%，投保农户、龙头企业、专业合作经济组织负担20%。区县财政补贴负担的保费不得分解到乡镇财政		

注：表中"—"表示相关数据存在缺失，下同。

资料来源：根据某保险公司天津市相关农业保险条款以及政策性农业保险规定整理得到。

附表6　山西省政策性农业保险险种条款

	小麦	玉米
保险责任	在保险期间内，由于下列原因直接造成保险作物的损失，且损失率达到30%（含）以上的，保险人按照本保险合同的约定负责赔偿：①暴雨、洪水（政府行蓄洪除外）、内涝；②风灾、雹灾；③冻灾	
保险金额	300元/亩	260元/亩
保险费率	5%	7%
每亩保险费（元）	15	18.2
赔偿办法	赔偿金额＝不同生长期赔偿标准 × 损失率 × 受损面积 ×（1－绝对免赔率）， 每次事故的绝对免赔率为10% 损失率＝单位面积平均植株损失数量 / 单位面积平均植株数量	
保费补贴办法	—	

资料来源：根据某保险公司山西省相关农业保险条款整理得到。

附表 7　吉林省政策性农业保险险种条款

	玉米	水稻	大豆
保险责任	在本保险合同有效期内，由于人力无法抗拒的暴雨、洪水、内涝、风灾、雹灾、旱灾、冰冻（霜冻及障碍性低温冷害）造成保险标的损失，保险人负赔偿责任。损失程度在30%以下（含30%）的，保险人不予赔偿		
保险金额	200 元 / 亩	266.67 元 / 亩	166.67 元 / 亩
保险费率	10%	8%	8%
每亩保险费（元）	20	21.3	13.3
赔偿办法	赔偿金额 = 保险金额 ×（损失程度 –30%）× 对应赔偿系数 × 受灾面积 损失率 = 单位面积植株损失数量（或平均损失产量）/ 单位面积平均植株数量（或平均正常产量） 注：当损失率达到80%以上（含）时，视同全损		
保费补贴办法	财政补贴≥70%，其中，中央财政补贴35%，省级财政补贴25%，市县级财政补贴10%		

资料来源：根据某保险公司吉林省相关农业保险条款以及吉林省相关政策性农业保险规定整理得到。

附表 8　内蒙古自治区政策性农业保险险种条款

	小麦（水地）	小麦（旱地）	玉米（水地）	玉米（旱地）	水稻
保险责任	在保险期间内，由于暴雨、洪涝（政府行蓄洪除外）、风灾、雹灾、冻灾、旱灾、病虫鼠害，造成保险农作物直接物质损坏或灭失（以下简称"损失"），且损失程度达到合同约定的起赔点，保险人负赔偿责任				
保险金额	400 元 / 亩	220 元 / 亩	400 元 / 亩	220 元 / 亩	400 元 / 亩
保险费率	7%	7%	9%	9%	5%
每亩保险费（元）	28	15.4	36	19.8	20
赔偿办法	保险农作物发生保险责任范围内的全部损失，保险人按以下方式计算赔偿： 赔款金额 = 单位保险金额 × 绝收面积 × 出险时保险农作物所处的生长期对应赔偿比例 ×（1–10%），每次保险事故的绝对免赔率为10%。 保险农作物发生保险责任范围内的部分损失，保险人按以下方式计算赔偿：①保险人对受损的保险农作物进行现场勘查后进行初步定损登记；作物连续受损，保				

	小麦（水地）	小麦（旱地）	玉米（水地）	玉米（旱地）	水稻
赔偿办法	险人可连续勘查定损。对于部分受损设恢复生长观察期，待保险农作物收获后进行最终定损。②按照承保旗县前五年保险农作物单位平均产量（以有关部门测定为准）确定标准产量，作为计算损失程度的标准。③按照国家计灾标准起赔，暴雨、洪涝（政府行蓄洪除外）、风灾、雹灾损失程度在20%以下（含20%）的，旱灾、冻灾、病虫鼠害损失程度在30%以下（含30%）的，保险人不予赔偿。损失程度在20%（或30%以上）至100%的，损失按以下公式计算赔偿：赔款金额＝单位保险金额 × 损失程度 × 成灾面积 ×（1–10%）				
保费补贴办法	财政部补贴35%；自治区财政安排补贴55%，其中：25%由自治区本级以专项资金的方式补贴，其余30%通过一般转移支付下达给旗县，由旗县财政予以补贴；农户或者农户与龙头企业等共同承担10%保费				

资料来源：根据某保险公司内蒙古自治区相关农业保险条款以及内蒙古自治区相关政策性农业保险规定整理得到。

附表 9　上海市政策性农业保险险种条款

	小麦	玉米	水稻
保险责任	在保险期间内，由于下列原因直接造成保险水稻损失的，保险人按照本保险合同的约定负责赔偿：①暴雨、洪水（政府行蓄洪除外）、冰雹、涝灾、风灾、旱灾；②地震、泥石流、山体滑坡；③相关作物的病虫害；④草害、鼠害			
保险金额	400 元 / 亩	1000 元 / 亩	1000 元 / 亩
保险费率	3%	3%	2%
每亩保险费（元）	12	30	20
赔偿办法	凡受损程度达到80%的为全部损失，在80%以下的为部分损失。 1. 全部损失：保险赔偿金＝每亩保险金额 ×（1–非保险事故损失率）× 定损面积（亩）× 赔偿比例 2. 部分损失：保险赔偿金＝［每亩保险产量 ×（1–非保险事故损失率）–每亩实测产量］× 定损面积（亩）× 保险单价；保险单价＝每亩保险金额 ÷ 每亩保险产量			
保费补贴办法	—		

资料来源：根据某保险公司上海市相关农业保险条款整理得到。

附表 10　江苏省政策性农业保险险种条款

	小麦	玉米	水稻
保险责任	在保险期间内，由于下列原因直接造成保险作物的损失，且损失率达到10%以上（含）的，保险人按照本保险合同的约定负责赔偿：①暴雨、洪水（政府行蓄洪除外）、内涝、风灾、雹灾、冻灾、旱灾、地震；②泥石流、山体滑坡；③病虫草鼠害		
保险金额	每亩保险金额参照保险作物生长期内所发生的直接物化成本，包括种子成本、化肥成本、农药成本、灌溉成本、机耕成本和地膜成本，由投保人与保险人协商确定，并在保险单中载明。每亩保险金额主要分为333元、444元、555元和666元四个档次*		
保险费率	4.5%	4.5%	4.5%
每亩保险费	保险费=保险金额×保险费率，四个档次每亩保险费分别为15元、20元、25元、30元		
赔偿办法	赔偿金额=不同生长期赔偿标准×损失率×受损面积×（1–绝对免赔率） 损失率=单位面积植株损失数量（或平均损失产量）/单位面积平均植株数量（或平均正常产量）注：当损失率达到80%以上（含）时，视同全损		
保费补贴办法	财政补贴≥70%，其中，中央财政补贴35%，省级财政补贴25%，市县级财政补贴10%		

注：* 保险金额是根据《关于完善江苏省政策性农业保险条款费率的通知》（苏金融办发〔2013〕43号）中关于修订水稻、小麦、棉花、玉米、油菜五个主要种植业政策性农业保险条款费率中规定：原有每亩保险金额300元、400元、500元和600元四个档次相应提高11%左右，此次调整不得强制增加农户自缴保费。

资料来源：根据某保险公司江苏省相关农业保险条款以及江苏省相关政策性农业保险规定整理得到。

附表 11　浙江省政策性农业保险险种条款

	小麦	水稻
保险责任	在保险期间内，由于下列原因直接造成保险小麦的损失，且损失率达到20%（不含）以上的，保险人按照本保险合同的约定负责赔偿：①自然灾害责任：台风、暴风、暴雨、龙卷风、洪水、冰雹、旱灾、地震、泥石流、山体滑坡；②病虫害责任：病虫草鼠害	在保险期间内，由于下列原因直接造成保险水稻的损失，且损失率达到20%（不含）以上的，保险人按照本保险合同的约定负责赔偿：①自然灾害责任：台风、暴风、暴雨、龙卷风、洪水、冰雹、扬花期低温、内涝、冻灾、地震、泥石流、山体滑坡；②病虫害责任：病虫草鼠害

续表

	小麦	水稻
保险金额	600 元 / 亩	600 元 / 亩或 900 元 / 亩或 1000 元 / 亩
保险费率	3.75%	5%
每亩保险费（元）	22.5	30 或 45 或 50
赔偿办法	根据该作物生长阶段每亩保险金额、损失赔偿比例以及生长期赔偿比例来计算赔偿金额： 每亩赔偿金额 = 每亩保险金额 × 损失赔偿比例 × 生长期赔偿比例 损失率在 80%（含）以上视为全部损失	
保费补贴办法	1. 一般地区：中央财政 35%、省财政 32%、县财政 26% 以及农户自负 7%。 2. 欠发达或海岛地区：中央财政 35%、省财政 48%、县财政 10% 以及农户自负 7%	

资料来源：根据某保险公司浙江省相关农业保险条款以及浙江省相关政策性农业保险规定整理得到。

附表 12　安徽省政策性农业保险险种条款

	小麦	玉米	水稻	豆类作物
保险责任	作物损失率在 30% 以上时，发生包括但不限于暴雨、洪水（政府蓄洪除外）、内涝、风灾、雹灾、冻灾、旱灾、地震等自然灾害，泥石流、山体滑坡等意外事故，以及病虫草鼠害等			
保险金额	367 元 / 亩	282 元 / 亩	406 元 / 亩	170 元 / 亩
保险费率	4.5%	6%	6%	6%
每亩保险费（元）	16.515	16.92	24.36	10.2
赔偿办法	1. 理赔起点为 30%，即承保的农作物因保险事故造成损失率达到 30%（含 30%）以上至 80% 时，根据该作物生长阶段每亩保险金额、损失率以及损失面积计算赔偿：赔偿金额 = 各生长期保险金额 × 损失率 × 损失面积 * 2. 损失率达到 80% 以上（含 80%）时，按作物生长期保险金额全额赔付			
保费补贴办法	种植业保险保费 = 央财政补贴 40%、省财政补贴 25%、市县财政补贴 15%、种植场（户）承担 20%（其中：皖北三市九县和金寨县，省财政补贴 30%、市县财政补贴 10%）			

注：*2015 年 11 月 1 日起取消 10% 的绝对免赔率。

资料来源：根据某保险公司安徽省相关农业保险条款以及安徽省相关政策性农业保险规定整理得到。

附表 13　山东省政策性农业保险险种条款

	小麦	玉米
保险责任	1. 在保险期间内，由于火灾、雹灾、风灾、冻灾、涝灾造成的损失且损失率在10%（含）以上；旱灾造成的损失且损失率在40%（含）以上；重大流行性病虫害（小麦条锈病和小麦吸浆虫）造成的损失且损失率在50%（含，以乡镇为单位核算）以上时，保险人按照本保险合同的约定负责赔偿。 2. 发生上述灾害时，被保险人为抢救保险小麦、减少损失而进行施救所支付的合理费用由保险人按照本保险合同的约定负责赔偿	1. 在保险期间内，因雹灾、风灾、涝灾造成的损失且损失率在20%（含）以上、重大流行性病虫害（玉米粗缩病和玉米螟）造成的损失且损失率在50%（含，以乡镇为单位核算）以上时，保险人按照本保险合同的约定负责赔偿。 2. 发生上述灾害时，被保险人为抢救保险玉米、减少损失而进行施救所支付的合理费用由保险人按照本保险合同的约定负责赔偿
保险金额	320 元 / 亩	300 元 / 亩
保险费率	3.125%	3.3%
每亩保险费（元）	10	10
赔偿办法	保险人按以下方式计算赔偿： 赔偿金额 = 不同生育期的最高赔偿标准 × 损失率 × 受损面积 损失率是指单位面积损失金额与单位面积正常产量市场金额的比值	
保费补贴办法	中央、省、市及试点县（市、区）财政承担80%，农户自己承担20%。中央、省、市及县级具体分担比例为：列入30个经济强县的农业保险地区，中央、省级财政承担50%，市级（含市，下同）以下财政承担30%；列入30个欠发达县的农业保险地区，中央、省级财政承担70%，市级（含市，下同）以下财政承担10%；其他地区，中央、省级财政承担60%，市级（含市，下同）以下财政承担20%。	

资料来源：根据某保险公司山东省相关农业保险条款以及山东省相关政策性农业保险规定整理得到。

附表 14 河南省政策性农业保险险种条款

	小麦	玉米	水稻
保险责任	在保险期间内，由于下列原因直接造成保险玉米或小麦的损失，且损失率达到30%（含）以上的，保险人按照本保险合同的约定负责赔偿：①暴雨、洪水（政府行蓄洪除外）、内涝；②风灾、雹灾；③冻灾		在保险期间内，由于下列原因直接造成保险水稻、保险棉花或者保险油菜损失的，且植株损失率达到30%（含）以上时，保险人按照本保险合同的约定负责赔偿：①暴雨、洪水（政府行蓄洪除外）、内涝；②风灾、雹灾；③冻灾、旱灾；④病虫鼠害
保险金额	383 元 / 亩	301 元 / 亩	334 元 / 亩
保险费率	6%	6%	6%
每亩保险费（元）	23	18	20
赔偿办法	赔偿金额 = 不同生长期的最高赔偿标准 × 损失率 × 受损面积 ×（1– 免赔率），每次事故的免赔率为 10%。 损失率 = 单位面积植株损失数量（或平均损失产量）/ 单位面积平均植株数量（或平均正常产量）		1. 各生长期日期分别按当地水稻、棉花以及油菜实际生育时间确定。 2. 水稻、棉花、油菜每亩每季累计赔偿金额分别以 320 元、300 元以及 150 元为限；多次受灾，累计赔偿金额达到 320 元时保险责任终止
保费补贴办法	中央、省、市、县财政分别承担 40%、25%、5% 和 10% 的保费补贴（其中中央省与巩义等省直管县（市）分担比例为 40%、30% 和 10%），其余 20% 由农户和龙头企业负担		

资料来源：根据某保险公司河南省相关农业保险条款以及河南省相关政策性农业保险规定整理得到。

附表 15 广西壮族自治区政策性农业保险险种条款

	水稻
保险责任	在保险期间内，由于下列原因直接造成保险水稻的损失，且损失率达到30%（含）以上的，保险人按照本保险合同的约定负责赔偿：①暴雨、洪水（政府行蓄洪除外）、内涝；②风灾、雹灾；③冻灾
保险金额	—
保险费率	—
每亩保险费	—

	水稻
赔偿办法	赔偿金额 = 不同生长期的最高赔偿标准 × 损失率 × 受损面积 ×（1– 免赔率），每次事故的免赔率为 10% 损失率 = 单位面积植株损失数量（或平均损失产量）/ 单位面积平均植株数量（或平均正常产量）
保费补贴办法	农户负担 20%、财政补贴 80%。其中：中央财政补贴 42%，自治区财政配套 28%，市（县）财政配套 10%。此外，自治区将研究出台地方特色险种试点制度，鼓励各地自主选择中央财政保费补贴险种以外的其他种植业品种开展保险试点

资料来源：根据某保险公司广西壮族自治区相关农业保险条款以及广西壮族自治区相关政策性农业保险规定整理得到。

附表 16　云南省政策性农业保险险种条款

	水稻	玉米
保险责任	在保险期间内，由于下列原因直接造成保险水稻的损失，且损失率达到 20%（含）以上的，保险人按照本保险合同的约定负责赔偿：①暴雨、洪水（政府行蓄洪除外）、内涝；②风灾、雹灾；③冻灾；④旱灾；⑤在保险合同中列明的病虫害	在保险期间内，由于下列原因直接造成保险玉米的损失，且损失率达到 20%（含）以上的，保险人按照本保险合同的约定负责赔偿：①暴雨、洪水（政府行蓄洪除外）、内涝；②风灾、雹灾；③冻灾；④旱灾
保险金额	210 元 / 亩基础 +100 元 / 亩附加	200 元 / 亩基础 +75 元 / 亩附加
保险费率	5% 基础 +2% 附加	5% 基础 +2% 附加
每亩保险费（元）	12.5	11.5
赔偿办法	赔偿金额 = 不同生长期的最高赔偿标准 × 损失率 × 受损面积 ×（1– 免赔率） 损失率 = 单位面积植株损失数量（或平均损失产量）/ 单位面积平均植株数量（或平均正常产量）	
保费补贴办法	中央财政补贴 40%，地方财政承担 50%（其中省级财政承担 32%，县级财政承担 18%），农户自担 10%	

资料来源：根据某保险公司云南省相关农业保险条款以及云南省相关政策性农业保险规定整理得到。

附表 17　甘肃省政策性农业保险险种条款

	小麦	玉米
保险责任	在保险期间内，由于下列原因直接造成保险作物损失的，保险公司按照本保险合同的约定负责赔偿：①暴雨、洪水（政府行蓄洪除外）、内涝；②风灾、雹灾；③低温冻害；④旱灾；⑤病虫害	
保险金额	250 元 / 亩	350 元 / 亩
保险费率	6%	6%
每亩保险费（元）	15	21
赔偿办法	赔偿金额＝不同生长期赔偿标准 × 损失率 × 受损面积 ×（1− 绝对免赔率），每次事故的绝对免赔率为10% 损失率＝单位面积平均植株损失数量 / 单位面积平均植株数量	
保费补贴办法	中央财政补贴60%，省财政补贴25%，农户承担15%	中央财政补贴40%，省财政补贴25%，市县财政补贴20%，农户承担15%

资料来源：根据某保险公司甘肃省相关农业保险条款以及甘肃省相关政策性农业保险规定整理得到。

附表 18　宁夏回族自治区政策性农业保险险种条款

	小麦	玉米	水稻
保险责任	在保险期间内，由于下列原因直接造成保险水稻的损失，且损失率达到20%（含）以上，保险人按照本保险合同的约定负责赔偿：①暴雨、洪水（政府行蓄洪除外）、内涝；②风灾、雹灾、冻灾、花期沙尘暴		
保险金额	300 元 / 亩	300 元 / 亩	400 元 / 亩
保险费率	6%	6%	6%
每亩保险费（元）	18	18	24
赔偿办法	赔偿金额＝不同生长期赔偿标准 × 损失率 × 受损面积 ×（1− 绝对免赔率）每次事故的绝对免赔率为10% 损失率＝单位面积平均植株损失数量 / 单位面积平均植株数量		
保费补贴办法	中央补贴40%，自治区补贴40%，农户自缴20%		

资料来源：根据某保险公司宁夏回族自治区相关农业保险条款以及宁夏回族自治区相关政策性农业保险规定整理得到。

后　记

攻读博士学位期间，机缘巧合我开始了农业保险方面的学习与研究。由于农业保险研究的专业性相对较强，与传统农业经济研究方法相比有所差异，对于刚读博士不久又没有保险学学科背景的我来说困难不小。一切都得从零开始，查找资料阅读文献、寻找学习研究方法、整理数据测算指标，就这样一步步地对农业保险熟悉起来，并逐渐地爱上这方面的研究。回想攻读博士学位期间的学习与研究，还依稀记得在南京农业大学逸夫楼孤灯奋战的场景，记得在北京农研中心旁边小旅馆的彻夜思考，记得在英国东安格利亚大学夜晚行走中思想突现灵光时的喜悦。这些经历都成为了我人生中的美好回忆。

本书内容主要来自我的博士学位论文，内容的完成首先需要感谢的是恩师钟甫宁教授，不论是最初研究框架的构思、方法的选定还是最后的修改调整都闪耀着老师的智慧。能够师从钟老师，我一直觉得自己非常幸运，幸运是因为我可以近距离聆听一位有风骨的学者对科学问题的诠释。钟老师淡泊名利，求真务实，为解决中国农业发展之切实问题殚精竭虑，正是他做科研的严格标准与要求在我心中竖起了标杆，使我终身受用。钟老师是慈爱的，也是严厉的，在师门中，我应该是受到钟老师批评比较多的，从开始畏惧老师的批评，到敢于面对批评，最后到享受批评，回想每次批评都是对自己思维的一种提升，感谢老师的细心教导。还要感谢在我博士联合培养期间的英国导师东安格利亚大学国际发展学院 Arjan Verschoor 教授。与老师的讨论使我受益匪浅，他的很多建议使我将研究做得更加严谨。

本书数据获取方面得到了原农业部农业研究中心全国固定观察点的各位老师、中国农业科学研究院吕开宇研究员、宁夏大学陈清华副教授以及陈品博士、韩愫女士等给予的帮助，在这里表示感谢。在整理书稿过程中还得到了上海大学仲嘉玮、邸艺琳、张文龙、吕镇洋同学的帮助，在此一并表示感谢。还要感谢父母的养育之恩，他们一路走来对我学习研究的支持和鼓励，成为我心灵的港湾。最后要感谢相伴七年的妻子曹丽萍女士，感谢她的支持与鼓励。

本书中的部分研究内容已发表在《中国农村经济》《农业经济问题》等杂志上，相关论文还获得了“2018 年清华农村研究博士生论坛优秀论文奖”，同时也被人大报刊复印资料《金融与保险》转载。一些研究内容还得到我国著名农业保险专家庹国柱老师的认可和赞誉。但这项研究还没有结束，它仅是我进行气象指数保险相关研究的起点，还有很多问题等待着我去探索，如在气象指数保险实施中产生的基差风险有多大，如何测算？农户对于气象指数保险基差风险忍耐程度有多大？气象指数保险与传统农业保险之间是何种关系？等等。

最后希望此拙作能为中国农业保险事业的发展贡献一份力量。

刘亚洲

2019 年 12 月 16 日星期一